谨以此书敬献给北京当代名厨，感谢你们为我国餐饮事业传承与发展作出的突出贡献！

《北京当代名厨》编委会

2022 年 9 月 9 日

《北京当代名厨（第五部）》
编委会

顾　问：凌凤春　王义均　陈连生　王文桥　王家根　汤庆顺　云　程
　　　　梁　承

主　编：张文彦

副主编：高石桥

摄　影：栗石毅

编　委：张元善　杨志智　萧玉斌　李桂兰　李悦忠　金　忠　齐结存
　　　　张铁元　王九均　曾凤茹　王　燕　周秀来　潘四发　张占杰
　　　　孙丽芬　王爱平　白常继　左东黎　海　然　王　娜　苏文强
　　　　李晓静　张小新　屈　浩　高占军　何永清　赵燕春　潘学庆
　　　　马爱军　贺玉玲　王根章　胡绪良　赵红燕　马　军　毛克林

鸣谢

北京康元文化有限公司

北京利桥顺集团

红功夫（北京）餐饮有限公司

北京渔娘餐饮服务有限公司

易县偶德农产品初加工有限公司

北京当代名厨

（第五部）

张文彦　主编

中国纺织出版社有限公司

图书在版编目（CIP）数据

北京当代名厨. 第五部 / 张文彦主编 . -- 北京：
中国纺织出版社有限公司，2022.12
　　ISBN 978-7-5180-9962-7

　　Ⅰ.①北…　　Ⅱ.①张…　　Ⅲ.①厨师—事迹—北京
Ⅳ.①K828.9

　　中国版本图书馆 CIP 数据核字（2022）第 195283 号

责任编辑：国　帅　闫　婷　　责任校对：高　涵
责任印制：王艳丽

中国纺织出版社有限公司出版发行
地址：北京市朝阳区百子湾东里 A407 号楼　邮政编码：100124
销售电话：010—67004422　传真：010—87155801
http://www.c-textilep.com
中国纺织出版社天猫旗舰店
官方微博 http://weibo.com/2119887771
北京华联印刷有限公司印刷　各地新华书店经销
2022 年 12 月第 1 版第 1 次印刷
开本：889×1194　1/16　印张：24.5
字数：220 千字　定价：368.00 元

凡购本书，如有缺页、倒页、脱页，由本社图书营销中心调换

前言

张文彦

BEIJING DANGDAI MINGCHU (DI WU BU)

厨师这个行业应该起源于原始社会后期。当生产力发展到一定水平，人们从采集、渔猎逐渐转变到以种植、养殖为主的生产活动阶段时，食物开始出现了剩余，遂有专人从事烹调以供祭祀或众人饮宴。随着社会的发展，多余物资需要交换，便产生了贸易和人口流动，集市上出现了专门为行旅之人服务的食肆，这样，从家庭厨务中剥离出来的专职烹调人员就诞生了，这就是专业厨师。

古人语言质朴，由于认识到谋食不易、无食则无命的朴素道理，所以在形容吃饭时，便以天设喻，遂有了广为流传的"民以食为天"之说。几千年来，随着社会的发展，物资渐趋丰富，人们饮食要求也逐步呈现多样化，这些自然促进了烹调技法的进步。中国自古以来就是泱泱大国，人口众多，各地出产的物产自然不同。为便于食用，不同地方便出现了适合当地原料特性及生活习俗的不同烹饪方法，从而形成了一定地域的饮食倾向性。这种倾向性又逐渐演变成了不同风格的菜系，烹饪方法由此也形成了不同的流派。

职业厨师的烹调工作与家庭厨务有着根本的区别。他所面向的食客是社会大众，所以不论技法还是原料都要广博得多。从古至今，厨师技能的学习主要是师徒相传，所以尊敬师长，便成为行业中最主要的品质；另外，每位厨师所烹制的菜肴都希望被客人所认同，客人吃得满意，厨师才有面子，"孝厨子"一说，大概就是来源于此；再有，厨师行业人员流动性较大，要相互依托、交流学习、共同谋生，为此，不义、不孝之徒则难为群体所认同。以上三点都决定了厨师行业的基本品质为"孝"和"义"。

人类能够主宰自身命运，是因为本身具有智慧、自我完善的潜动能。社会在发展，当我们满足了基本生活需要之后，自然产生了更高的社会需求。从饮食方面来讲，就是在美食基础上，吃出健康，吃出我们人类应有的自然生命长度。中华文明数千年，创造出了灿烂的餐饮美食养生文化，但这些文化硕果在历史上多为皇室、达官贵人所享用，而普通百姓十有八九在为果腹而奔波劳碌。当国泰民安、社会和谐时代来临后，作为餐饮执业者，有责任为全民族普通百姓的健康，提供更高层次的集美食、养生为一体的佳肴美馔。这是时代赋予厨师们的责任，也是新时代厨师们的义务。

《北京当代名厨》大型人物传记丛书，现已编辑出版了五部，历经二十一年。从北京60余万名厨师中精选出1690余人，他们都是当代首都厨师队伍中的精英。为此，我们选用国际名录中最为庄重的黑白图片方式印制，以表达对他们诚挚的尊重！

时光流逝，英豪代代相传更替。作为饮食行业中的一员，能在博大精深的餐饮文化海洋中，同数十位志同道合的朋友一起为普通劳动者树碑立传，我感到非常荣幸。最后，再一次感谢师傅们对我们的信任，感谢社会各界的大力支持！

2022年9月9日

目录

顾问篇

名厨篇

顾问篇

凌凤春

凌凤春，1932年4月10日出生，北京人。高级烹调技师。1946年开始从事烹饪工作。新中国成立后，先后在紫竹院餐厅、五道口餐厅、学院路基层店任总经理等职务。1966年在海淀饮食基层店和长征食堂任党支部书记、总经理。1975年后任海淀区饮食服务公司党委副书记、总经理等职。1958年获北京商业服务先进工作者奖章；1980年获北京市卫生先进工作者称号。

王义均

王义均，1933年4月18日出生，山东人。著名国宝级烹饪大师、鲁菜泰斗、原丰泽园饭庄厨师长。1945年从厨，先后拜牟常勋、王世珍等名家学艺。他技术全面、手法独特、博采众长，为当今烹饪界一代宗师。其代表作品有"葱烧海参""酱汁活鱼""烩乌鱼蛋"等。传徒有屈浩、史连勇、于铁柱等。

陈连生

陈连生，1936年2月23日出生，北京人。著名小吃专家。曾任北京烹饪协会清真专业委员会副主任，吐鲁番餐厅总经理。1948年参加工作从厨学艺。1961年后任南来顺饭庄经理兼书记；1989年任宣武区饮食公司副总经理、宣武区烹饪协会常务副会长兼秘书长。

王文桥

王文桥，1937年8月7日出生，河北人。著名书法家。曾任北京市旅游局餐饮管理处处长，中国烹饪协会第一、二届副秘书长，北京烹饪协会常务理事、副秘书长；中国药膳技术制作专业委员会顾问；《随园食单》研究会学术顾问；《中华美食药膳》杂志社顾问；国际烹饪联合会名誉会长。曾参与编写出版多部书籍。

王家根

王家根，1942年6月12日出生。曾任商业部国际合作司国际处处长；1998年任中国烹饪协会副秘书长，主管对外联络等工作；2001年至2004年任世界中国烹饪联合会秘书长；后任世界中国烹饪联合会和中国烹饪联合会副秘书长，2009年退休。2011年5月被世界中国烹饪联合会授予宣传中餐烹饪突出贡献奖。

汤庆顺

汤庆顺，1950年7月17日出生。研究生学历。曾任北京王府井集团董事长、北京东来顺集团董事长，北京市餐饮行业协会会长。现任中国烹饪协会副会长。曾先后荣获全国五一劳动奖章、京城十大商业风云人物、中国连锁业十年（1997~2006）十大新闻人物等称号。在业内享有较高声望。

云程

云程，1956年9月12日出生，北京人。研究生学历。北京烹饪协会会长，高级政工师。

从事餐饮管理40余年，曾担任新燕莎集团领导、全聚德集团党委书记。对北京市餐饮业发展有较深研究，主持完成了《北京市餐饮业经营规范》等研究课题；组织策划并启动"中华烹饪技艺传承文化工程""振兴京菜文化工程"。多次组织开展北京餐饮业年度品牌大会、中国京菜美食文化节等活动。荣获中国社团组织先进会长称号。著有《中国京菜画册》《北京餐饮老字号传承谱系》《北京餐饮新字号》著作。

梁承

梁承，1957年9月13日出生，韩国人。早年在韩国首尔乐天饭店任职，担任厨师长；1995年至2006年在天津中医药大学留学，并荣获博士学位。现任韩国药膳料理协会会长、国际饮食养生研究会常务副会长。编著有《道湖药膳理论》《药膳实习料理》《道湖辩证施膳》《道湖药膳本草学》等著作。

名厨篇

郝惠芝

郝惠芝，1945年4月17日出生，北京人。

1964年毕业于北京服务学校，同年到全聚德烤鸭店参加工作并拜王春隆为师学习厨艺，经努力钻研，掌握了全聚德全鸭席等冷菜制作方法。曾参与全聚德菜谱制作。1982年由北京友谊公司委派到日本新高轮王子饭店工作。1986年被评为优秀厨师，在人民大会堂被领导接见；1986年参加北市冷荤大赛获优秀奖。

李洪金

李洪金，1948年8月7日出生，重庆人，高级烹饪技师。

1973年6月在重庆轻工业职工大学餐厅参加工作，曾先后担任重庆邮电大学邮电宾馆厨师长、北京韩燕王朝商务酒店行政总厨、北京月坛鱼乡行政总厨、北农商务酒店技术顾问。擅长烹制川菜，代表作品有：酥炸板指、干烧岩鲤、泡椒鳝段、水晶龙眼肉。曾荣获重庆餐饮联合会烹饪技能大赛热菜组一等奖、中国饭店协会首届全国饭店业食品大赛全能银奖。传徒有李建、肖明夫、于勇、黄正、严春、郭德州等。

刘德祥

刘德祥，1951年2月25日出生，天津人。特二级厨师。

1968年于宣武餐饮公司"烤肉刘"基层店学习厨艺并参加工作，先后到南来顺小吃店、元兴堂饭庄、吐鲁番餐厅等单位学习交流。师承山国华先生、洪宝全先生。擅长鲁菜、京味菜制作。代表作品有：传统经典烤羊肉、烤牛肉、炒麻豆腐、盐爆散丹、红烧牛尾等清真菜肴。曾带领"烤肉刘"饭庄荣获中华民族特色餐厅、北京特色美食餐厅称号。"烤肉刘"烤肉配方荣获非物质文化遗产代表作，"烤肉刘"品牌被誉为北京老字号称号，并受到多家电视台专访。传徒有长子刘加兴、次子刘佳厚。

孙仲学

孙仲学，1951年3月23日出生，北京人。原五洲大酒店厨师长、餐饮部经理，高级烹饪技师。

1971年在北京前门饭店参加工作，师承杨启富先生学习厨艺，后又受到王正民、陈代增等大师亲自指导，善于烹制川菜、淮扬菜。20世纪80年代，先后在北京燕京饭店、北京兆龙饭店等饭店担任主厨。1988年荣获北京首届烹饪技术比赛美食杯奖；曾受邀参加新加坡国际美食节，表演中国特色美食，受到国外友人一致好评；在五洲大酒店工作期间，针对各国饮食文化差异，结合中国饮食文化制定特色菜谱，受到各国友人的称赞；多次组织接待"两会"餐饮服务工作，受到领导的一致好评。传徒有孙寅刚、陈保明等。

袁继斗

袁继斗，1954年5月4日出生，北京人。中国烹饪大师。

1975年于山西大同3775部队从事餐饮工作，先后任职于部队师招待所、北京烤鸭店、兰州东方宫清真餐饮有限公司、加拿大多伦多东方宫、迪拜青海美食城、美国林肯龙鼎饭店、美国纽约敦煌美食、青海省西宁市力盟集团，担任餐饮总监。师承马景海先生学习厨艺。擅长清真菜制作。代表作品有：香滑龙虾、玉彩配玉龙、糖熘卷果、扒肉条、炸果干。曾获得兰州第一届美食大赛金奖、甘肃龙鼎金奖。传徒有邓辉、郝建明、马继孝、涂积成。

明汝江

明汝江，1954年7月6日出生，北京人，高级烹饪技师。

1970年在东城区饮食公司参加工作，1970～2015年任职于东城区饮食公司，2015年至今在四季民福烤鸭店担任技术顾问。师承姜中学先生、郭文彬先生，擅长鲁菜、面点制作。代表作品有：葱烧海参、糟熘鱼片、干爆肉条等。1985年荣获北京市工人技术能手称号。传徒有张广辉等。

陈忠林

陈忠林，1954年12月29日出生，北京人。特级烹饪技师。

1973年6月在三里河回民餐厅学习厨艺，先后在三里河回民餐厅、又一顺分号、春宴楼、宴宾楼、西来顺、北京市龙华药膳餐厅等地工作。师承马景海先生学艺。擅长清真菜制作。代表作品有：珊瑚鱼、橙汁鳜鱼、扒肉条、它似蜜。1974~1984年连续十年获得西城区技术比赛前三名；在第一届中日药膳交流赛中荣获金奖。传徒有李为民、陈长生、马主麻。

王桂明

王桂明，1955 年 1 月 23 日出生，北京人，高级烹饪技师。

1971 年 8 月进入北京市服务学校系统学习烹饪技术，毕业后在北京民族饭店工作，后调入北京大兴宾馆担任副总经理。擅长淮扬菜制作。代表作品有：蟹黄狮子头、大煮干丝、松鼠鳜鱼、五彩西瓜球等。

舍增泰

舍增泰，1955年2月25日出生，北京人。中国药膳大师，"厨子舍"清真菜宴席制作技艺传承人。

1972年8月参加工作，在北京铁路局丰台机务段先后担任火车司机、技术教员等。1971年利用业余时间师承父亲舍崇禄（厨子舍第四代传人）学习烹饪技艺。代表菜品有：枣卷果、豌豆黄、驴打滚等。2007年6月"厨子舍"清真菜宴席制作技艺入选"北京市级非物质文化遗产"名录，并荣获北京市首批非物质文化遗产代表性传承人；他曾先后随中华人民共和国文化部访问沙特阿拉伯王国、阿曼苏丹国。2015年9月其作品"艾窝窝""江米芝麻糕""枣卷果"三种面点，入选"国际慢食协会"中国美味方舟名录；2016年6月，他入选"世界知名大厨"。2010年在第六届中国药膳养生烹饪制作技艺大赛中荣获全能金奖；他曾多次荣获中国药膳经验交流"优秀论文奖"。传徒有舍鸥等。

王建生

王建生，1955年3月31日出生，北京人。高级烹调技师。

1971年在华天西郊餐厅参加工作，任厨师。1998年在北京德外餐厅担任行政总厨、经理，直至退休。擅长京菜、鲁菜制作。代表作品有：鸡茸燕菜、乌龙吐珠、油爆肚仁、拔丝鸡蛋。曾获得满汉全席烹饪大赛金奖、"虹"鳟鱼烹饪大赛金奖，曾参与《实用烹调技法》《新编四季养生菜》的制作和文字编写。

史连勇

史连勇，1955年11月14日出生，北京人，高级烹饪技师，中国烹饪大师。

1971~1996年在北京丰泽园饭店工作；1996~2007年在新加坡京都大酒店工作；2007年至今在玉林烤鸭店任鲁菜技术总监。师承王义均先生。擅长鲁菜制作。代表作品有：葱烧海参、干烧鱼、油焖大虾、烩乌鱼蛋等。1982年于北京市财贸部门业务技术比赛中被授予技术能手称号；1988年北京市首届烹饪技术比赛中荣获京龙杯奖；1988年第二届全国烹饪技术比赛中荣获银牌三枚；1988年被授予北京市劳动模范称号；1998年于新加坡烹饪大赛中荣获亚洲食品组名厨名菜金奖；1995年再次被授予北京市劳动模范称号。传徒有朱连华等。

李海路

李海路，1956年6月22日出生，河北人。

1979年3月在河北省衡水市景县参加工作，曾任乡村医生。后在北京市丰华食品厂担任副总经理；现任北京市绿海食品有限公司董事长。他继承并发扬了老北京灌肠生产技术，使此技术享誉京城。

陈宏

陈宏，1956年7月9日出生，北京人。高级烹饪技师。大专学历。

1974年3月在北京塑料制品厂参加工作，曾在北京汽车滤清器厂任职；1986年5月开始从事厨师工作，先后任北京天乐餐厅厨师长、北京发展大厦雅苑餐厅行政总厨。2008年至今，在北京老城京味斋任品控部经理。师承甄建军先生学习厨艺，擅长京菜、鲁菜制作。代表作品有：三蔬吉庆、清汤鸡圆、开水白菜、麻婆豆腐。传徒有张文军、隋鹏浩。

金树春

金树春，1957年2月8日出生，北京人。特级烹饪技师。

1974年于春宴楼饭庄参加工作，后在北辰汇珍楼饭庄、西城饮食澧外海松清真餐厅、麦加希尔顿酒店等地工作。师承宛华富先生，擅长清真菜制作。代表作品有：清汤燕菜、焦熘肉片、烧什锦、干烧黄鱼、桂花酥条等。

马燕

马燕，1957年3月7日出生，北京人。高级厨师。

1978年在北京柳泉居参加工作。1979~1981年在实习餐厅学习，之后在同义轩、马凯餐厅、昆仑饭店、东方文化酒店、紫金府、北京大宅门担任冷荤主管。师承李玉芬女士。代表作品有：罗汉肚、糟香鹅肝、香辣牛肉、双色蛋卷、油焖香菇。曾获第十一届北京亚运会杰出贡献奖、第六届远东及南太平洋地区残疾人运动会荣誉奖。曾先后在清华大学、北京大学、民族文化馆、北京西城饮食公司烹饪学校授课；被中国职业联合会聘请为职业联合会资深顾问。传徒有张树菊、马建、唐晓宾、余攀、白杰。

肖玉斌

肖玉斌，1957年7月25日出生，北京人。特二级烹饪技师。

1973年6月在北京前门全聚德烤鸭店参加工作，担任团支部书记。1985年借调到中共中央办公厅秘书局；1988年任北京第十一届亚运会组委会培训部经理。曾先后在北京大钟寺饭店、北京奥绿特餐饮管理有限公司、北京振达绿厨餐饮管理有限公司（中日合资）、北京竹睿倚栏宴会传奇餐饮管理有限公司等地任职，担任总经理、执行总裁等职务。师承名厨崔玉芬女士。代表作品有：北京翠丝鸭卷、火燎茅台鸭心、干烧鸭四鲜、啤酒炖活鱼。1995年获崇文美食杯创新菜点大赛金奖；1996年在亚洲大厨中国北京地区选拔赛中获优秀大厨奖；2004年获得中国就业培训指导中心颁发的"酒店职业经理人"荣誉证书。曾发表过多篇论文，参与编写《全聚德名菜谱》《名师家常菜》等书。传徒有于建伟、杨建亮、孙家斌、郭仁琳。

白文忠

白文忠，1957年11月3日出生，北京人。清真菜高级烹饪技师。

1998年开创北京牛街四益轩餐厅，师承白永泰先生学艺，为发展"白记"传统清真菜系开辟了一处舞台。在20多年的经营过程中始终以"继承原汁原味儿传统手法，开拓创新服务大众"为宗旨，不断砥砺前行，发展经营，得到了社会各界的交口称赞。"白记"牛羊肉烹制技艺，获得2021年北京市西城区区级非物质文化遗产称号。代表作品有：煨牛肉、焦熘肉片、葱爆羊肉、南煎丸子等。四益轩餐厅于2016年度、2017年度连续荣获中国祁连绿色美食文化节嘉宾组金奖，并获得中国保护消费者基金会颁发的全国打假保真放心消费联盟单位证书。传徒有于鹏飞、金龙、古胜东、鄂小涛、龙明斌等。

任克明

任克明，1958年1月9日出生，北京人。高级技师。

1975年在东兴楼饭庄参加工作，曾担任厨师、厨师长职务；1998年任大连渔港行政总厨；2002年任金帝雅宾馆行政总厨。师承曲秀功先生、魏来平先生学习厨艺。擅长鲁菜制作。代表作品有：红扒鱼翅、葱烧海参等。曾获得北京市财贸系统青年技术比赛第三名、第四届全国烹饪技术比赛银奖。曾撰写《烹饪及火候》论文。传徒有许广军、邴勇等。

付新群

付新群，1959年2月25日出生，河南人。中式面点高级技师。

1978年12月参军，先后任空军86217部队42分队空勤灶炊事班长；空军87216部队第六训练大队烹饪教员、教务股长；空军勤务学院北京训练大队讲师、训练处长、主任；长期以来，主要担负军队烹饪教学培训和重大训演任务膳食保障工作，以及地方单位烹饪技术培训工作。师承辽宁省王廷祥先生。代表作品有：双色龙须面、啤酒饼、酥麻花、黄油炸糕、蒜香水饺等。曾获第五届（广州）中国烹饪世界大赛面点项目个人团体两项金奖；第六届全国烹饪大赛面点个人金奖；数次参加空军、全军烹饪大比武摘金夺银。有《空军厨师培训教材》《中国南北名菜谱》。传徒有刘兆明、刘营民、胡善龙、刘福胜、姜振山等。

杨林

杨林，1959年7月4日出生，北京人。烹饪技师、营养师。

1978年在北京市委第四招待所入厨学艺，师承尹登祥先生、张文海先生。1990年任新大都饭店东餐饮部厨师长，1993年起至退休一直从事餐饮工作。擅长川、鲁、粤菜的制作，代表作品：樟茶鸭、开水白菜、葱烧海参、油爆双脆等。曾获得北京市人民政府办公厅颁发的先进工作者荣誉证书。曾编著《论刀工在烹调中的作用》一书。传徒有张生军、朱永亮。

曲新杰

曲新杰，1960年1月12日出生，北京人。高级烹饪技师。

1983年在东兴楼饭庄参加工作，师承魏来平先生学艺。先后在东兴楼饭庄、洲际大厦、金帝雅宾馆、喜洋洋养老服务中心等地事厨。擅长鲁菜制作，代表作品有：九转大肠、葱烧海参等。传徒有袁旭等。

孟宪斌

孟宪斌，1960年1月23日出生，北京人。高级烹饪技师。

1982年在人民大会堂参加工作，师承孙应武先生学艺。1990年被派到健力宝酒楼任厨师长；1993年任人民大会堂快餐部经理；1999~2009年任人民大会堂北餐厅厨师长；2009~2012年被派注中华人民共和国驻纽约总领事馆，期间多次接待中外访问团，受到领导的表扬；2012年回到人民大会堂任国宴领班。擅长国宴制作。代表作品有：国宴狮子头、罐焖牛肉、鸡豆花汤。曾参加第五届全国厨师大赛，代表人民大会堂获得团体金奖第一名；2004年参加在埃及举办的世界名厨年会，获得世界名厨称号。传徒有吴长涛等。

齐丰军

齐丰军，1960年3月2日出生，河北人。高级烹饪技师。北京市餐饮行业协会副会长、丰台区饮食服务行业协会副会长、吉林省烹饪协会副会长。

现任北京慈孝宫餐饮管理有限公司董事长。1979~1987年在吉林市公路机械厂上班；1987~1999年自开餐饮店；2006~2013年创办北京江山城餐饮管理有限公司；2013年至今创办北京慈孝宫餐饮管理有限公司。曾荣获北京餐饮行业协会孝悌主题代言人、国家钻石级酒家优秀管理者等荣誉称号。

王长海

王长海，1960年3月25日出生，北京人。特三级厨师。

1981年在鸿雁楼饭庄参加工作，师承宛玉成先生学艺。其后在永丰楼饭庄、北京翠宫饭店等地事厨。擅长清真菜制作，代表作品有：焦熘肉片、它似蜜、芙蓉鸡片、炸羊尾等。曾荣获第三届全国烹饪大赛银牌；在第四届北京烹饪大赛上担任评委。

朱长安

朱长安，1960年4月11日出生，北京人。高级烹饪技师。

1981年于西单食品开发公司开始从事厨师工作。1991年调入北京鸿宾楼餐饮有限责任公司直至退休。师承李宝亮先生、佟建国先生学艺，擅长清真菜制作。代表菜品有：白蹦鱼丁、三鲜虾卷、葡萄蹄筋等。曾荣获第五届全国烹饪大赛个人金奖；第四、五届全国清真烹饪大赛金奖；第六届中国烹饪世界大赛团体金奖；第二届北京清真烹饪服务技能大赛团体金赛。传徒有周艳宾、赵宇等。

张国强

张国强，1960年6月12日出生。山东人，高级烹饪技师，中国烹饪大师。

1978年9月在北京华天饮食集团玉华台饭庄参加工作。1994年起至今，在北京文兴苑餐饮管理有限公司工作。擅长淮扬菜烹制，师承张福祉先生、刘洪生先生、程起江先生等名家学艺。代表菜品有：群虾望月、山石脆鳝、松鼠鳜鱼、炝虎尾、响油鳝糊等。曾荣获"新长征突击手"称号；在俄罗斯举办的第二届世界中餐烹饪大赛上荣获"世界中餐推广大使"称号；2018年被授予中华美食养生风云人物称号；2021年被新东方烹饪学校授予终身客座教授。1992年参加编写《冷盘集锦》一书。传徒有库新富、杨官友、张爱梅、张霞等。

徐顺军

徐顺军，1960年6月24日出生，江苏人。高级技师。

1980年于钓鱼台国宾馆参加工作。1991~1993年8月、1998年6月~2000年10月在日本东京四季饭店养原斋餐厅工作；1993年9月~1998年5月在钓鱼台国宾馆任厨师长；2000年11月~2020年6月在钓鱼台国宾馆任行政副总厨师长。代表菜品有：佛跳墙、菊花羊排、海胆扒龙筋、国宴狮子头等。曾荣获全国烹饪大赛个人金奖和团体金牌。著有《乳鸽烹饪世界》《厨者手记》等书籍。

徐金华

徐金华，1960年7月17日出生，北京人。

1996年传承祖业，开创北京"红花大海碗炸酱面"。20多年来积极推行《餐饮企业的等级划分和评定》国家标准，积极参与行业各项活动，为行业发展做出了一定的贡献。师承名家杜广贝先生学艺，擅长烹制京鲁菜、老北京炸酱面。2017年曾获得北京餐饮协会"优秀管理者""京城炸酱面餐饮代言人"等光荣称号；2018年被中国食文化研究会评为"中国食文化餐饮传承人"；红花大海碗餐饮企业被授予"中国诚信企业""中国服务之星"等光荣称号。

龙万军

龙万军，1961年8月3日出生，广西人。烹饪技师。

1981年1月在原铁道兵司令部服役，后就职于中国铁路总公司服务局。擅长粤菜烹制，师承李建国先生为师学艺。2009年荣获第五届国际美食养生烹饪大赛（长城杯）热菜金奖；2010年荣获首都青年烹饪艺术家称号；2012年在首钢第二届中国大锅菜比赛中荣获团体金奖、个人热菜金奖；2019年参加华邦兄弟杯第五届团餐大锅菜大赛中获团体特金奖、个人特金奖。

王雅君

王雅君，1961年11月25日出生，北京人。高级烹饪技师。

1980年在人民大会堂参加工作。师承赵兴贺先生学习厨艺，擅长烹制淮扬菜。代表菜品有：双麻酥饼，千层油糕、三丁汤包及各种国宴面点、小吃等。1980年1月～1982年12月在扬州市商业技工学校进修；1983年1月开始在人民大会堂餐厅处工作，多次为党和国家领导人服务，获得好评。1984年参加世界名厨协会（中国北京）美食大赛获团体金奖；1984年第一届全国烹饪大赛获面点团体金奖；1988年参加第二届全国烹饪大赛获团体金奖；1992年参加第三届全国烹饪大赛获热菜团体金奖；1996年参加第四届全国烹饪大赛荣获团体金奖。

赵金泉

赵金泉，1962年1月4日出生，北京人。烹饪技师。

1981年9月于北京丰台饭庄开始从事厨师工作。1996~2006年在北京同兴楼饭庄担任厨师长；2006年至今，在北京聚亚饭店担任厨师长。师承李秉超先生学习厨艺。擅长鲁菜制作。代表作品有：葱烧海参、菊花鱼、火燎鸭心等。1984年荣获丰台区刀工比赛第二名；1985年荣获北京市食品雕刻比赛第一名；1990年荣获丰台区迎亚运美食先进工作者称号；1994年荣获丰台区冷荤雕刻比赛特等奖。曾多次在《东方美食》《中国烹饪》等杂志发表个人作品。传徒有李建明、耿义臣、杜燕军、孙建军、赵华超。

陈玉萍

陈玉萍，1962年4月22日出生，河北人，高级技师。

1981年在北京椰城餐厅参加工作。擅长凉菜及冷拼制作。曾在惠侨饭店、五洲大酒店、俄罗斯莫斯科王府饭店等地事厨。1996年在北京面点、冷拼、雕刻技术比赛中荣获金奖。

赵尔存

赵尔存，1962年6月25日出生，北京人。二级烹饪技师。

1980年10月参加工作，就职于中央民族大学伙食科第三学生食堂；1983年公派去新疆学习新疆特色风味菜；1988年担任中央民族大学清真食堂经理。师承员松青先生、张树清先生学艺。擅长烹制清真菜，代表作品有：醋熘木须、扒肉条、牛肉丸子、红烧牛尾等。曾荣获第一届国家民委在京直属单位清真烹饪技艺交流活动二等奖；1996年获得北京市高校个人先进工作者称号。

张广富

张广富，1962 年 11 月 9 日出生，北京人。中式烹调技师。

1985 年 3 月在北京粤阳楼饭庄参加工作。先后在新大都饭店、北京燕丰饭店、中江国际酒店、北京大学燕园华晨厨师职业技能培训学校等单位担任厨师长、总厨、讲师等工作，现从事威斯汀酒店厨师技术培训指导工作。师承于家庆先生。代表作品有：碧绿鳜鱼卷、乳鸽藏官燕、金毛狮子鱼、红扣驼掌、百花雪莲等。1993 年第七届全运会期间，在北京燕丰饭店受到组委会集体嘉奖和个人荣誉证书。2008 年在威斯汀酒店举办的星厨汇烹饪创新大赛中获得个人创新进步奖。传徒有杨涛、郭旭泽、李志文、吕途。

尹铁山

尹铁山，1963年1月18日出生，北京人。高级烹饪技师。

1980年在北京万年青宾馆入厨学艺，师承北京饭店名厨于存先生。1984年开始上灶炒菜；1985年至今在北京远望楼宾馆事厨。代表作品有：五彩虾、清汤鱼丸、口袋豆腐等。传徒有艾伟、许合、毛大龙。

文仕尚

　　文仕尚，1963年4月6日出生，湖南人。高级烹饪技师，中国烹饪大师。

　　1986年进入湖南常德大饭店学习厨艺。1995年起在长沙多家宾馆、酒楼工作，任主厨、副厨师长、厨师长等职务。2002~2006年任北京湘水明珠大酒楼行政副总厨；2006年至今任北京湘水明珠大酒楼行政总厨。师承史有朋先生、文仕武先生。擅长湘菜制作，代表菜品有：红烧甲鱼裙边、红烧甲鱼、土乌龟煨黄豆、常德钵子菜等。传徒有李强、张海涛、丁辽员等。

王宝忠

王宝忠，1963年4月8日出生，北京人。高级烹饪技师。

现任北京大学勺园管理部副总经理。1983年在北京大学参加工作，先后任北京大学招待所厨房班长、中国驻美使馆教育处厨师兼公务、北京大学留学生餐厅副经理、北京大学勺园餐饮部经理、北京大学勺园管理部总经理助理等职。师承王燕华先生学艺。擅长川、鲁菜烹制，代表作品有：板栗烧鸡、宫廷烧蹄筋、一品赛燕窝等。曾荣获第十四届（法国举办）国际美食养生大赛（塞纳杯）三项全能金奖，并被授予"世界美食药膳名师"称号；2018年被授予"中华美食养生风云人物"称号；在第十五届（南非举办）国际美食养生大赛（好望角杯）上荣获团体金奖。曾在《中国烹饪》《中华美食药膳》杂志上发表多篇文章。

王夫恒

王夫恒，1963年4月18日出生，河北人。烹饪技师。

2000年4月创建北京王胖子餐饮管理有限公司；2002年创立北京王胖子管理有限公司并任总经理兼厨师长；2005年创建王胖子股份有限公司任董事长兼行政总厨；后加入北京利桥顺餐饮集团，任集团副总经理至今。师承魏金亭先生、张根弟先生、张文彦先生。擅长川菜及驴肉全席制作。代表菜品有：驴肉火烧、驴紫盖、全丝驴胶、宫保鸡等。2018年在法国塞纳杯国际烹饪大赛上荣获个人三项全能金奖。

辛良

辛良，1963年9月2日出生，北京人。高级烹饪技师。

1981年在北京梅园乳品店参加工作，担任西餐厨师，后调入北京全聚德和平门烤鸭店事厨至今。师承田淑英女士。代表作品有：鸭汁奶酪烤黄鱼、鸭汤醋椒鱼、黄油煎鸭肝、糟熘三白、火燎鸭心等。1996年荣获全聚德集团创新菜品奖；1997年荣获全聚德集团专业比赛第三名；1999年荣获全国第四届烹饪技术比赛铜牌；2008年参与运动员餐制定与制作并荣获奥运会运动员村优秀奖。传徒秦铮。

袁利

袁利，1963年9月17日出生，北京人。中餐烹调技师。

1983年在北京市朝阳区饮食服务总公司参加工作。1986年3月调到北京烤鸭店（现大董烤鸭店）工作至今。师承孙仲才先生。擅长鲁菜烹制。代表作品有：葱烧海参、清炸鸭肝、炸烹大虾、糖醋黄鱼。曾在世界妇女大会上任中餐厨师长（总厨），受到嘉奖；曾荣获北京青工技能技术比赛第三名。传徒有孙宪厚、石秀松、及双治、黄旭东、王雪峰等。

王凤海

王凤海，1963年10月19日出生，北京人。高级烹饪技师。

1982~2002年在东兴楼饭庄工作；2002~2019年在北京金帝雅宾馆工作。师承赵威清先生。擅长鲁菜烹制。

李永山

李永山，1963年12月5日出生，北京人，高级烹饪技师。

1981年10月于大兴旅馆餐厅参加工作，后在北京晋阳饭庄大兴宾馆担任厨师；在东京国际株式会社（日本东京）任行政总厨；在大兴宾馆有限责任公司担任行政总厨。师承李新生先生、于赤军先生学艺，擅长晋菜制作。代表作品有：三丝扒鱼翅、葱烧海参、双吃大虾、香酥鸭、过油肉等。曾被大兴宾馆评为2018年度先进工作者，在北京市大兴区2020年"孝顺之星"命名活动中，被命名为"孝顺之星"光荣称号。

贺新春

贺新春，1964年1月23日出生，北京人。中餐烹饪技师。

1981年在全国政协文化餐厅参加工作；后调入北京烤鸭店（现大董烤鸭店）、便宜坊烤鸭店等地事厨。现在担任昆仑饭店技术指导。师承许德仁先生。擅长鲁菜烹制。代表作品有：葱烧海参、糟熘鸭三白、芙蓉鸡片、火燎鸭心、拔丝苹果等。在便宜坊烤鸭店任职期间多次获得技术能手称号。传徒有黄旭东、蔡书军等。

曹志坚

曹志坚，1964年3月1日出生，北京人。高级烹饪技师。

1984年在北京惠中饭店参加工作。1984~1986年先后在北京饭店、便宜坊烤鸭店等地学习。1986年后在北京惠中饭店事厨。曾先后任职于北京营养配餐公司、德国汉堡富贵楼酒家、北京会城门烤鸭店、新加坡新桃园酒家、莫斯科（中国城）餐饮连锁集团、李锦记（中国）销售有限公司、西班牙中餐联合会马德里北京烤鸭店等地，担任行政总厨、总经理等职务。师承王义均先生。擅长鲁菜烹制。代表作品有：油焖大虾、抓炒鱼片、锅塌豆腐等。2010年参加全国创意菜大赛荣获金奖；2012年赴日本技术表演、2013年赴美国费城交流表演，均获得奖项；2013年荣获中华金厨奖。曾在《中国烹饪》《餐饮世界》等杂志发表文章。传徒有张友柱、薛至君、姚智凡、安德烈等。

梁宏涛

　　梁宏涛，1964年3月6日出生，北京人。高级烹饪技师，中国烹饪大师，注册裁判员。

　　1984年9月在北京惠中饭店参加工作，任厨师、加工间班长、厨师班长等职务。因工作需要，先后任职于北京丰泽园饭庄、北辰集团五洲大酒店、北京世纪佳明餐饮管理有限公司、北京麦金地餐饮管理有限公司等单位，担任厨师长、总监、常务副总经理等职务。师承王素明先生。擅长川、鲁、融合菜的制作。代表作品有：干烧鳜鱼、宫保鸡丁、水煮牛肉、家常绍子海参等。曾获得2001年"争奥运烹饪大赛"银奖；2014年率队参加"中国梦、劳动美"厨艺大赛并荣获金奖；2016年在第一届全国党校系统后勤服务技能比赛中荣获团体金奖；2021年开始多次参与CCTV2《回家吃饭》节目拍摄，作为栏目美食嘉宾。曾发表论文《中餐烹调技法初探——浅谈宫保鸡丁》。

马艳萍

马艳萍，1964年5月11日出生，河北人。一级厨师。

1983年5月至1987年在北京又一顺饭庄学徒，师承马景海先生。先后担任安兰餐厅副厨师长、三龙餐厅经理兼厨师长；2013年至今担任"马大真传私家菜"餐厅经理兼厨师长。擅长清真菜烹制。代表作品有：真传砂锅牛肉、招牌豆芽等。2013年荣获"廊坊十大名厨"称号，其作品"砂锅牛肉"获得"廊坊十大名菜"荣誉称号；2018年其餐厅在"第二届廊坊好味道美食大赛"中荣获"十大特色民俗餐企"称号；2020年其传统砂锅炖制技艺入选市级非物质文化遗产。传徒有刘锡田、刘勇辉、李立强等。

段卫东

段卫东，1965年4月26日出生，北京人。高级烹饪技师，药膳大师，高级考评员。

1982年在京西宾馆参加工作，师承王素明先生。在京西宾馆工作期间多次为国家领导人服务。其后，先后任职于裕龙大酒店、北京新世纪日航饭店，担任厨师长工作。曾荣获第六届药膳大赛特金奖；全国第四届中餐技能创新大赛特金奖；2011年获得全国中餐技能创新技术能手称号；2016年12月其业绩被国家名厨编委会选入国家级名厨人物典籍《国家名厨》第四卷；曾多次受邀在CCTV2 "回家吃饭" 栏目表演面点制作技艺，深受观众及业界的认可和好评。擅长苏式、广式面点制作。代表作品有：奶油龙须饼、田园小品、酒坛酥、荷塘蝉声等。著有论文《论龙须面在特殊情况下如何制作》。

刘靖武

刘靖武，1965年6月1日出生，北京人。高级烹饪技师。

1985年6月在北京饭店参加工作，师承郑秀生先生。1985~1988年在北京饭店淮扬厅任热菜主管；1988~1998年在北京大观园酒店担任红楼宴厨师长；1998~2005年在北京东方花园饭店担任行政总厨；2005~2014年在北京瑞海姆田园度假村担任行政总厨；2014~2016年在北京控股集团物业有限责任公司餐饮分公司担任副总经理兼行政总厨；2016年至今担任金融街控股集团出品总监。擅长淮扬菜制作。代表作品有：清炖狮子头、拆烩鲢鱼头等。传徒有李强、陈海燕、刘海文、李豪等。

李建明

李建明，1965年9月10日出生，北京人。烹饪技师。

1984年在北京丰台饭庄参加工作。先后在伊甸园酒楼、海淀大福居姜母鸭酒楼、博特嘉美食娱乐城等地担任厨师。师承赵金泉先生学习冷荤制作，师承张友斌先生学习中餐烹调。2002年至今在北京环卫集团第二分公司从事餐饮管理工作。擅长鲁菜烹制。代表作品有：姜母鸭火锅、营养菌类一品锅等。2006年参加首都保健营养美食学会举办的烹饪大赛荣获二等奖，并被评选为首都青年烹饪艺术家；2008年在奥运会期间被评为北京环卫集团第二分公司先进工作者。

许顺贤

许顺贤，1965年11月6日出生，台湾同胞。高级烹饪技师。

1979年在台北桃园假日大酒店参加工作，师承王秋祥先生。擅长中、西餐烹制，粤菜及欧式海鲜自助餐。先后任职于台北福华大酒店、金钱豹餐饮集团、山东净雅餐饮集团、山东蓝海酒店集团、北京福朋喜来登酒店等单位。中国药膳国家一级评委。曾在《中国药膳》《中国烹饪》上发表过文章。

陈朝振

陈朝振，1966年6月4日出生，河北人。高级技师。

1986年6月参加餐饮工作至今，现工作于北京红玺园餐饮有限公司，任总经理职务。师承李光远先生学习厨艺，擅长鲁菜、川菜制作。代表作品有：葱烧活海参、黄焖鱼翅、干烧豉汁盘龙鳝、面疙瘩汆花鲢、新派梅菜扣肉煲、老陈家京东肉饼等。曾荣获第一届东方美食国际大奖赛银奖。著有《正宗京东肉饼——老陈家京东肉饼及京东肉饼的前世今生》。传徒有田成利、曹洪瑞、李文江等。

刘文胜

刘文胜，1966年6月26日出生，北京人。烹饪技师。

1982年9月在北京香山公园管理处参加工作，曾先后任职于香山公园松林餐厅、紫竹院公园职工食堂。多次参与各级领导宴会接待工作，受到表扬。师承陆文龙先生，擅长烹制宫廷菜。代表作品有：罗汉大虾、乌龙吐珠、佛跳墙、荷包里脊、熘鸡脯等。曾荣获新世纪海淀首届职业技能大赛金奖、中关村美食节大赛团体金牌、海淀区第七届文明市民艺术节厨艺比赛金奖、第十三届国际美食养生大赛金奖。传徒有吴洋、宗军等。

郭金喜

郭金喜，1966年7月18日出生，河北人。特二级厨师，中国烹饪大师。

1984年参加工作。旺顺阁鱼头泡饼技术创始人，1999年受张雅青特邀创办旺顺阁鱼头泡饼至今。现企业已发展至全国各地，受到顾客认可。曾荣获第五届全国烹饪大赛金奖、2014年首届北京国际营养与健康美食烹饪大赛金奖、北京十大名厨奖称号、海峡两岸烹饪名厨奖、中华名厨奖等奖项。2015年用36斤（18千克）大鱼头泡饼，创下吉尼斯世界纪录。

高建民

高建民，1966年9月5日出生，河北人。烹饪技师。

2001年先后创建高建民酒楼、北京利桥顺酒楼、王胖子快餐，任总经理兼总厨师长。现任北京利桥顺餐饮有限公司副总经理、河间驴肉产业协会石家庄分会会长、高建民餐饮管理有限公司董事长。师承魏金亭先生学习厨艺。擅长烹制川菜、驴肉全席。代表作品有：驴紫盖、全丝驴胶、驴肉火烧等。曾获得2018年河北烹饪大赛金奖，第十四届国际美食养生大赛"塞纳杯"团体金奖、个人三项全能金奖。创建的高建民驴肉火烧被评为中华老字号和河北省非物质文化遗产。

冯学军

冯学军，1966年10月9日出生，北京人。高级烹饪技师。

1985年1月至1986年12月在密云旅游学校烹饪班学习；1987年在兆龙饭店实习；1988~1992年在北京密云饭店任厨师长；1993年创办北京密云香村酒家，任总经理。师承王爱平先生、朱祥月先生。擅长鲁菜烹制。代表作品有：鞭花烧海参、三丝鲍鱼羹等。1994~1999年被连续评为市级、县级先进个体劳动者；1998年被评为密云县私营个体协会十佳青年；1997年荣获密云县私营个体协会烹饪大赛一等奖。著有专业论文《论传统烹饪技法——扒菜》。传徒有王胜利、牛小卫。

付勇

付勇，1966年11月25日出生，北京人。高级烹饪技师。

1988年1月在北京海味餐厅参加工作，后经过学习担任主管；1992年考入北京王府饭店中餐厅学习粤菜，向名厨石辉大师学习制作鱼翅；1997年担任越秀厅厨师长。2008年进入国家新闻出版总署担任厨师长，先后多次接待国内外重要领导人，并受到一致好评。师承李玉芬先生。擅长粤菜、淮扬菜烹制。代表菜品有：椒盐虾、香煎银鳕鱼、双源白边鱼、金牌小羊棒等。曾连续5年获得机关服务中心"先进工作者"称号；2014年10月获得国家新闻出版广电总局内部比赛热菜三等奖。传徒有孙文辉、杨赞波等。

张伟利，1967年3月20日出生，北京人。高级烹饪技师。

1985年在南华酒店参加工作。曾先后担任中国人民银行餐饮服务部经理、北京大学畅春园餐厅经理、华融大厦经理、京广中心厨师长。现任北京红火华赣餐饮有限公司董事长。师承王义均先生学习厨艺。擅长鲁菜烹制。代表作品有：一口酥烤鸭、葱烧海参、松鼠鳜鱼。曾在1997年荣获第四届全国烹饪大赛金奖；2021年荣获首都职工自主创新成果三等奖。传徒有祝海涛、位元义、吴传银、靳小平、刘朝阳等。

胡建山

胡建山，1967年7月4日出生，广州人。烹饪技师。

1987年在广州酒家参加工作。曾先后任职于广州东方宾馆、北京天下一家、北京日坛国际酒店、北京世贸天阶东南亚菜馆、海南琼海博鳌国际医院等单位，担任厨师长、行政总厨。拜许行先生、侯同明先生为师学习厨艺。擅长烹饪粤、川、湘、淮扬菜。曾获养生大师称号。传徒有马志国、董玉平、姜会敏等。

张凯

张凯，1967年10月9日出生，北京人。烹饪技师。

1989年在北京燕山大酒店参加工作，曾先后任职于华北大酒店、北京国际饭店、北京密云月亮峡谷度假村、北京航空航天大学、北京金鼎轩酒楼，现任职于北京东光物业管理公司旗下北京易食客餐饮管理有限公司。师承杜广贝先生、黄溪源先生学习厨艺。擅长粤菜、川菜制作。代表作品有：当红炸仔鸡、辣子肉丁、松鼠鳜鱼等。曾荣获2008年奥运会劳动模范先进个人称号；全国华邦杯大锅菜比赛金奖。传徒有张利刚、冯觉、董树俊等。

杨贵珍

杨贵珍，1967年12月11日出生，江苏人。烹饪技师。

2005年8月入职颐和园听骊馆饭庄学徒。曾在翠宫饭店担任厨师与厨师长、永裕智辰商务酒店担任技术总监及副总经理，后创办北京颐和文创健康有限公司。拜宫廷寿宴非物质文化遗产传承人李晓静先生为师，擅长宫廷菜制作。代表作品有：福字万寿一品、五福奉寿、圆梦烧饼、宫廷御点。曾被创意中国评为"文创食品"开拓人，2019年6月受邀到天坛公园参与设计天坛祈年斋系列食品，2019年获农展馆美食节展台荣誉团体金奖。2018年10月受邀进入首都机场特产店；2022年为冬奥会场外皇家文化食品拍摄提供全程服务。传徒有曾巧、杨威等。

种宝华

种宝华，1967年12月27日出生，北京人。烹饪技师。

1985年在北京建国饭店参加工作。曾先后任职于北京建国饭店、北京左岸春天法餐厅、老镇玫瑰法餐厅、北京华侨大厦西餐厅。师承杨庆丰先生学习厨艺。擅长西餐制作。代表作品有：法式鹅肝三味、红酒烩牛脸、布根地焗蜗牛。曾荣获北京电视台厨师大赛金厨帽奖、奥林匹克大赛银奖。2007年获得酒店管理毕业证书及酒店专业管理证书。在北京建国饭店及北京华侨大厦工作期间曾多次担任西餐宴会主厨，为国家领导人及外国首脑提供西餐服务，并得到高度评价。传徒有王肖北等。

李德良

李德良，1968年4月14日出生，北京人。高级烹饪技师。

1986年12月在北京丰泽园饭庄参加工作。先后在北京丰泽园饭庄、北京便宜坊集团工作，担任经理、支部书记等职。师承王义均先生学习厨艺。擅长鲁菜制作。代表作品有：油焖大虾、干烧鳜鱼、蟹粉水晶烧卖、乾隆白菜。曾荣获北京市"迎亚运"烹饪比赛一等奖、北京市优秀青年技师称号、北京市首届烹饪雕刻大赛金奖、第二届烹饪雕刻大赛金奖、新世纪中餐烹饪大赛特金奖、全国青年烹饪大赛最佳评委奖。曾荣获便宜坊集团"六百年传承"集团优秀职业经理人称号。在《中国凉菜制作工艺》一书中任副主编。传徒有李凯、甘秀峰、涂世涛等。

赵刚

赵刚，1968年4月30日出生，北京人。高级烹饪技师。

1988年10月在北京丽都假日酒店参加工作。1988~1992年7月任职于北京丽都假日酒店；1992年8月~1996年2月任职于北京隆福大厦宾馆；1996年3月~2015年6月任职于梅地亚中心；2015年7月至今在中塔有限责任公司工作。师承孙大力先生学习厨艺。擅长烹饪红楼菜。代表作品有：茄鲞等。

颜红

颜红，1968年5月4日出生，北京人。烹饪技师。

1985年在北京沁芳斋饭庄参加工作。1986~1992年任职于大恒酒楼，1992~2018年任职于凯宾斯基饭店。擅长川菜、粤菜制作。代表作品有：蒜蓉酱香乳鸽、川汁年糕、京味猪蹄卷、糯米鸡翅等。

孙文祥

孙文祥，1968年6月20日出生，北京人。烹饪技师，高级御膳技师。

1986年在北京燕翔饭店参加工作。曾先后任职于烟台皇家大饭店、上海兰声饭店、北京红桥酒家、钱柜餐饮公司，担任厨师、厨师长、副总经理等职务。2013年至今就职于北京会议中心，任主管。师承王根章先生学习厨艺。擅长烹制宫廷菜。代表作品：牡丹燕菜、麒麟虾、绣球干贝、紫袍玉带等。曾获得首届北京商贸系统餐饮大赛第三名；北京烹饪大赛第一名；上海外企烹饪大赛第二名；第八届国际美食养生大赛团体第一名、个人金奖。传徒有赵明仁、王峰、张彪、李晓龙等。

张来群

张来群，1968年6月23日出生，河北人。高级烹调师。

1989年4月在沧州烹饪学校学习。曾在北京全聚德烤鸭店学习烤鸭技术。曾任沧州狮城饭庄厨师；任丘燕春楼酒店主厨；北京鸿兴烤鸭店厨师、厨师长。1997年创办诚仁德自有品牌，担任董事长。主营烤鸭、风干鸡，现有自营店20余家。现担任河北沧州餐饮协会副会长。师承张文彦先生、王金月先生学习企业管理及厨艺。代表菜品有：北京烤鸭、金毛狮子鱼、群龙会燕、风干鸡等。

李晓红

李晓红，1968年7月7日出生，北京人。烹饪技师。

1988年在北京八达岭外宾餐厅参加工作。曾先后任八达岭外宾餐厅厨师、中央电视台食堂中餐厅厨师长、北京延庆中银大酒店副总经理、北京天地人大酒总经理、北京宏豪世佳餐饮管理有限公司法人及总经理等职务。师承马吉庆先生、魏金亭先生学习厨艺。擅长烹饪川菜、鲁菜。代表作品有：葱烧海参、滑熘里脊、开水白菜等。

李恩军

李恩军，1968年7月10日出生，山东人。高级烹饪技师。

　　1996年在中国人民解放军总参管理局厨师培训中心参加工作。2003年至今从事厨师培训、冷荤制作教学与辅导工作。师承朱燕家先生学习凉菜制作与拼摆工艺。擅长烹制鲁菜。代表作品有：花开富贵、孔雀开屏、海南风光、荷塘月色等。曾在总参系统举办的"新世纪杯"烹饪大赛荣获冷荤银奖；"双桥杯"首届首都美食技艺大赛荣获冷荤金奖。

骆林桂

骆林桂，1968 年 7 月 21 日出生，广东人。高级烹调技师。

1986 年 10 月在广州五洋城酒店参加工作。曾先后任职于广州市风味阁酒楼、珠江海鲜舫、广州鸿辉大酒楼、深圳市花通大酒楼、北京市船舶重工酒店、北京长城旺角鲍翅楼等单位，任厨师长、总厨等职务。2014 年至今担任亮健容天餐饮管理有限公司研发部总经理。师承陈没标先生学习厨艺。擅长烹饪粤菜。代表作品有：招牌干捞翅、红烧极品鲍、佛跳墙、红烧脆皮乳鸽等。

杨英勋

杨英勋，1968年7月28日出生，北京人。烹饪技师。

1988年7月在北京贵友大厦参加工作。1988~1993年6月在贵友大厦担任厨师；1993年6月~1996年7月在食德小馆任厨师长、行政总厨；1996年8月至今在全国人大会议中心任行政总厨。师承王义均先生学习厨艺，擅长烹制鲁菜。代表作品有：石锅辽参、稻香牛排。曾获第五届全国烹饪大赛热菜金牌，优秀厨师称号。曾参与《经典分餐菜》一书编写。

姚兆永

姚兆永，1968年9月21日出生，山东人。烹饪技师。

1987年参加工作，曾先后在北京建筑工程学院餐厅、济北中学餐厅、北京市信息管理学校餐厅等单位任厨师、厨师长、经理等职务。2015年创办北京洪福苑餐饮管理有限公司并任董事长。师承王爱平先生学习厨艺，擅长烹饪鲁菜。代表作品有：滑炒里脊丝、葱烧海参、糖酥鲤鱼。传徒姚哲等。

隆玉利

隆玉利，1968年10月16日出生，北京人。高级烹饪技师。

1986年12月在北京首钢公司参加工作。曾先后担任首钢红楼迎宾馆总厨，首钢迁安会议中心行政总厨，北京市对外友好协会行政总厨、经理，首钢饮食公司中国原子能科学研究院餐饮项目行政总厨、副经理。现任首钢饮食公司中国人民解放军82381部队项目经理。拜杜广贝先生为师学习厨艺。擅长烹饪京菜、鲁菜。代表作品有：瑶柱四宝、京味葱烧鱼头、禅寺佛跳墙等。曾荣获中央国家机关首届烹饪技术大赛金奖；2012年荣获第七届大通阿胶杯中国药膳养生技术比赛热菜金奖；2016年度北京市餐饮协会优秀厨师；曾被中国烹饪协会授予中华金厨奖。

郑艳立

郑艳立，1968年12月3日出生，北京人。高级烹调技师。

1984年在北京蒲春餐厅参加工作。1987年在西铁匠营兴旺餐厅从厨。1988年拜川菜大师张晨先生学习厨艺。后创办泰鲁娱乐城、红狮饭庄、北京宝石庄园餐饮有限公司、京鼎楼酒家等多家餐饮企业，担任董事长、总经理。几十年从厨期间曾得到川菜泰斗伍钰盛先生，冷荤大师赵国忠先生，原料专家李桂兰女士，京菜大师苑树堂先生及张荣民先生等多位名家指导。代表作品有：干烧鳜鱼、麻婆豆腐、清汤鱼圆、红花鱼肚。曾获得第十届国际美食养生大赛"宝石杯"个人金奖、第二届京菜美食节大赛热菜金奖。传徒有张金虎、焦国勋等。

赵彦强

赵彦强，1968年12月19日出生，北京人。药膳大师。

1985年在北京沁芳斋饭庄参加工作。曾先后任职于凯宾斯基饭店、汇中颐园、威斯汀酒店。2008年至今在华彬城市俱乐部任职。擅长烹制药膳、粤菜、融合菜。代表作品有：沙津大虾球、蟹粉豆皇塔、泡椒带鱼。曾获得第六届中国烹饪大赛团体第二名；恰卡杯中国药膳制作技术大赛特金奖。

张银花

张银花，1969年1月3日出生，河北人。高级烹饪技师、药膳大师。

1990年在北京新世纪饭店参加工作。曾担任任丘市燕南大酒店厨师长、任丘市湘老坎大酒店总厨，现在任丘市新世纪国际酒店任行政总厨。师承崔玉芬先生学习厨艺。擅长淮扬菜制作。代表作品有：蟹汁黄鱼、酥皮烤羊腿、酒香火焰鲽鱼。曾获得菲津宾国际美食节烹饪交流表演赛最佳优秀奖；荣获首届"杨贯一基金杯"全国鲍翅燕肚参大奖赛鲍鱼比赛金奖、厨政管理之星；在"萃华杯"中华料理铁人非遗菜品技艺传承交流展示会上，其参赛菜品"三羊开泰"荣获金牌。传徒有赵永前、李庆恒、李晓明等。

杨春晖

杨春晖，1969年2月6日出生，北京人。高级烹饪技师。

1985年在北京德胜饭店参加工作。曾先后就职于李锦记（中国）销售有限公司、大董餐饮投资有限公司、北京乙十六餐饮管理公司、北京和平宾馆潮明园、北京展览馆宾馆、北京德胜饭店。师承屈浩先生学习厨艺。擅长烹制鲁菜、潮州菜。代表作品有：黑松露文火煨海参。曾荣获中国金厨奖、影响中国美食人物、橄榄餐厅评论实力名厨、中华人民共和国劳动和社会保障部优秀指导教师、北京市旅游事业管理局优秀青工等荣誉奖项。著有《调味基本概念》《餐饮职业经理人的八项管理》。传徒有张振华、张兴华、印玺嘉、白雪松、曹翔宇等。

任仕勇

任仕勇，1969年2月28日出生，山东人。烹饪技师。

1990年2月在北京市清河二炮招待所参加工作。曾先后任职于北京西南郊华兴饭店、黄老太酒家餐饮有限公司、中国人民海军第一招待所、北京顺世华生态园。2011年至今担任北京市利桥顺餐饮有限公司行政总厨、石家庄市高建民餐饮有限公司行政总厨。师承魏金亭先生学习厨艺。擅长烹制官府菜、川菜。代表作品有：全丝驴胶、绍酒焖肉、剔炒宫爆鸡。曾荣获星级宾馆烹饪大赛团体第一名、延庆首届职业技能大赛个人第二名、第十四届国际美食养生大赛(塞纳杯)团体金奖。曾获得丰台区餐饮行业金牌厨师称号，2018年度荣获中华金厨奖，2020年度荣获中国烹饪艺术家称号。传徒纪勇等。

樊祥雷

樊祥雷，1969年3月6日出生，山东人。高级技师。

1987年12月在北京燕京饭店参加工作。曾先后担任北京志文烹饪服务学校助教，北京青岛海贝酒家厨师、厨师长，三仙酒楼厨师长，亚视集团银亚大酒店厨师长，北京航空航天大学万盛庄园行政总厨，北京圣世苑温泉大酒店行政总厨，北京顺世华生态园行政总厨，北京育新宾馆行政总厨。2013年至今在北京妫川华奕酒店任行政总厨。师承魏金亭先生学习厨艺。擅长烹饪川菜。代表作品有：三元牛头、罐焖鱼唇、蒜香富贵肘。传徒有樊祥栋、江枫、焦金宝等。

苗全胜

苗全胜，1969年3月9日出生，北京人。特级技师。

1988年在北京森隆饭庄参加工作。曾先后担任北京中协宾馆厨师长，北京古玩城宾馆厨师长，全国人大会议中心主管，北京南粤苑宾馆厨师长，北京大鸭梨餐饮管理有限公司行政总厨，北京锅碗瓢盆餐饮管理有限公司副总经理。2019年至今担任北京德众易达餐饮管理有限公司法人。师承兰鸿杰先生。擅长烹制淮扬菜。代表作品有：清炖蟹粉狮子头、黄焖鱼翅、响油鳝糊、松鼠鳜鱼。曾在1991年获北京市东城区饮食公司烹饪比赛中荣获三等奖；在2001年全国人大系统厨师比赛中荣获一等奖；2003年获得八方食圣冠军。传徒有刘卫东等。

杨军山

杨军山，1969年3月9日出生，河北人。高级技师。

1992年在北京燕丰饭店参加工作。先后任天元俱乐部面点主管、和平宾馆面点主管、天伦王朝酒店面点厨师长、同仁堂御膳面点厨师长、天下一家面点出品总监、天健宾馆面点出品总监、迪拜御龙宫面点出品总监。2018年至今任北京礼信年年面点总监。师承焦明耀先生学习厨艺。擅长制作药膳、御点。代表作品有：纸皮包子、榆钱饼、步步高升、雏凤还巢等。曾获得第一届至第八届全国药膳大赛金奖；第四届北京烹饪大赛金奖；第五届全国烹饪大赛金奖；2008年奥运金牌厨师奖。著有《中华百草御膳》《滋补官府菜》《大厨海参菜集萃》《名厨指点做小吃》《五谷杂粮养生宝典》等。传徒有李含冰、王军、辛昊伦等。

孟连军

孟连军，1969年5月23日出生，北京人。高级技师。

1988年在北京海富门参加工作。曾先后担任北京中国香港美食城厨师、瑞海姆酒店总厨、北京长城饭店厨师、北京天陇酒楼厨师、松竹6号院皇家会所总厨、北京洋桥大厦总厨、空港花园总厨师长、南海酒店总厨、祥龙庭酒店总厨，2021年至今在海富门任出品研发总监。师承郑秀生先生学习厨艺。擅长淮扬菜。代表作品有：黑松露澳洲小牛肉、文火秘制草堂鸭。曾荣获第二届中国烹饪大赛金奖；阿一鲍鱼大赛金奖。著有《宫廷饮食》《经典清宫》《经典融合菜》《经典分餐菜》《药膳》等书籍。

张浩

张浩，1969 年 5 月 29 日出生，北京人。高级技师。

1988 年在北京国际饭店参加工作。曾先后任职于北京国际饭店、中央电视台梅地亚中心、北京大地美食城。师承高占军先生学习厨艺。擅长烹制宫廷菜。代表作品有：宫廷黄焖翅、菌汤辽参、姜葱野菌炒大连鲍。曾在 2009 年（韶山杯）药膳养生大赛、2007 年天津（酒店杯）比赛中获金奖。传徒有苏永科、杜方祥、祝永亮等。

陈朝阳

陈朝阳，1969年7月2日出生，北京人。烹饪技师。

1987年在北京中苑宾馆参加工作。曾先后在北京中苑宾馆、北京腾龙酒家、徐州百味饺子楼餐饮服务有限公司、北京隋园食府餐饮有限公司，北京锦江物业管理有限公司任厨师长、总经理、项目总厨等职务，2012年至今在北京银达物业管理有限责任公司、北京鸿巨力餐饮服务有限公司任行政总厨。师承陈实先生学习厨艺。擅长粤菜烹制。

弓勇

弓勇，1969年7月3日出生，北京人。中式烹调技师，国家职业技能鉴定考评员。

1986年7月在新丰楼饭庄参加工作。曾先后担任翠宫饭店厨师长、皇苑大酒店厨师长、首体宾馆行政总厨、永裕智辰商务酒店技术总监兼副总经理、老北京兴缘斋涮羊肉技术总监兼总经理。2019年至今在北京华宇景阳酒店管理有限公司任技术总监。师承金永泉先生学习厨艺。擅长鲁菜、宫廷菜、粤菜制作。代表作品有：宫门献鱼、红娘自配、龙穿鸡肉卷、牡丹四宝虾、五味花枝片、鸳鸯鱼丸。曾荣获1993年北京争奥运烹饪大赛铜奖。传徒有陈洲、段学国、王伟、林彦龙等。

赵国英

赵国英，1969 年 7 月 21 日出生，河南人。高级烹饪技师。

1990~1993 年在郑州国际饭店任学徒，1994~2000 年在三门峡金玫瑰酒店任行政总厨，2001~2004 年在上海豪顿酒楼任总经理，2005~2020 年在北京商都酒店任出品总监。2021 年至今在北京祖国酒店投资有限公司旗下品牌"庭院人家"任出品总监，北京新淮扬村董事。师承屈浩先生学习厨艺。擅长豫菜、淮扬菜、融合菜制作。代表作品有：紫气东来、蜂巢脆炸海参、牡丹燕菜。曾荣获法国巴黎杯国际大赛特金奖。传徒有林通、王锦波等。

张新合

张新合，1969年7月25日出生，北京人。烹饪技师。

1987年7月至1989年3月进入北京白龙潭风景区烹调班学习。先后在北京市财政局财政干部培训中心任餐饮部主厨，后进入北京新大都饭店系统学习厨艺，2002年2月至今在北京市密云财政局后勤服务中心任厨师长。师承王爱平先生、朱祥月先生学习厨艺。擅长鲁菜烹制。代表作品有：清蒸五彩鱼卷、扒三丝鱼翅。曾于2004年8月在北京市财政局后勤系统烹饪大赛中获得二等奖。撰写论文《论厨师在生活中的地位》在北京市财政局月刊发表。传徒崔文利。

牛月亭

牛月亭，1969年8月28日出生，山东人。烹饪技师。

1992年在北方物业开发有限公司参加工作。曾先后在金郎大酒店、北京东直门饭店任厨师，北京丰台交通支队、石景山国税局任厨师长，2013年至今在北方物业开发有限公司餐饮部任厨师长。师承丁海涛先生学习厨艺。擅长鲁菜烹制。代表作品有：金蟾望月、菠萝糖醋鲤鱼、葱烧海参、奇香羊羔肉。曾荣获2016年第一届美食节精英至尊杯争霸赛"厨皇奖"；2018年11月北京市第八届商业服务业技能大赛中式烹调师竞赛项目铜奖；2018年荣获"联合利华饮食策划杯"第八届全国烹饪技能竞赛（分赛区）专业组中餐热菜银奖。

袁明学

袁明学，1969年9月7日出生，北京人。高级技师。

1989年在花家怡园参加工作。曾先后任职于北京天厨酒家、盘锦市盘锦大酒店、北京羊城酒楼、陶然宾馆、哈尔滨皇冠假日酒店、北京观复博物馆会所、天津蓟州区万豪大酒店、北京健力源餐饮公司等地。2017年至今就职于中华人民共和国国务院办公厅餐厅任厨师长兼项目经理。师承何亮先生学习厨艺。擅长鲁菜制作。代表作品有：开水白菜、毛血旺、鱼香肉丝、水煮鱼等。曾荣获哈尔滨皇冠假日酒店技术研发创新奖。传徒有陈勇、刘华伟、袁能望、刘贺、胡顺、杨二磊等。

孙宪厚

孙宪厚，1969年11月9日出生，山东人。高级烹饪技师。

1993年在团结湖北京烤鸭店（现北京大董烤鸭店）参加工作，至今担任行政总厨、厨政部总经理。师承董振祥先生学习厨艺。代表作品有：董氏烧海参、蓝纹芝士臭鳜鱼、汁烧鲜鲍、"酥不腻"烤鸭等。曾获得2006年"全聚德"杯烹饪大赛热菜金奖、2008年第六届中国烹饪世界大赛个人赛热菜项目金奖。曾荣获朝阳区行业技术能手、首都烹饪艺术家、中餐厨师艺术家等称号。2020年被《橄榄画报》评为年度实力名厨。传徒有孙喜良、孙辉、王华坤。

张艳

张艳，1969年12月17日出生，北京人。烹饪技师。

1988年3月在北京市供销合作总社招待所参加工作，任面点师。师承刘俊卿先生、郭文彬先生学习厨艺。先后在正阳门仿膳饭庄、北京市丰台区航天部一院14所餐厅事厨。2005年至今在英国工作。擅长面点和冷菜制作。代表作品有：豌豆黄、宫廷肉末烧饼、玫瑰饼、萨其马。曾荣获北京市第三届面点比赛个人金牌，全国第三届烹饪大赛面点个人银牌，北京首届面点、冷拼、雕刻技术比赛金牌。

李东风

李东风，1969年12月22日出生，北京人。烹饪技师。

1989年6月在北京大兴聚珍饭庄参加工作。曾先后任职于大兴聚珍饭庄、京津塘高速大羊坊收费站、首发安畅分公司、首发集团京开高速管理分公司服务中心等单位，担任厨师、厨师长、食堂管理员。2010年至今担任首发集团京开高速管理分公司资产物业管理部后勤管理员。师承邱军先生、刘春城先生学习厨艺。擅长鲁菜制作。代表作品有：干烧黄鱼、水煮牛肉、南煎丸子。曾在2006年荣获首发集团京开高速管理分公司先进工作者，2008年荣获首发集团先进工作者。传徒有陈秋林、李雷生、郭志强等。

刘阳

刘阳，1970年2月2日出生，北京人。高级技师，高级营养师，国家级评委，中国药膳大师。

1988年在北京中国香港美食城参加工作。曾任职于久凌大酒楼、银帆之旅大酒店、鱼翅宴餐饮有限公司。2003年至今任职于国家税务总局北京市税务局。师承赵雄鹰先生学习厨艺。擅长烹制粤菜。代表作品有：芡实五彩虾、鲜椒炒鲍鱼、稻香阿胶肉、清汤墨鱼饺。曾荣获第八届全国药膳养生大赛特金奖。曾在北京电视台快乐生活一点通、食全食美等媒体发表美食作品。传徒有贺德彪、黄志强等。

王玥新

王玥新，1970年2月3日出生，北京人。高级技师。

1985年5月在北京峨泰酒家参加工作。曾在京广中心任粤菜炒锅，京味美食城任厨师长，鸿云楼饭庄任行政总厨，同一首歌餐饮娱乐有限公司任行政总厨，花家怡园任厨师长。2017年至今就职于新东方烹饪学校。师承马志何先生学习厨艺。擅长烹饪川、鲁、粤菜。代表作品有：奇妙虾球、炸烹虾、五彩鱼丝。曾在1989年朝阳区饮食服务公司烹饪技能大赛获得金奖；2005年"雀巢杯"全国技能烹饪大赛获金奖。传徒有张伟健、孟凡伟等。

何新华

何新华，1970年3月11日出生，重庆人。高级技师。

1989年3月在内蒙古空军部队入伍，先后任部队炊事员、烹饪教员、烹饪讲师；2019年至今在军地从事烹饪教学工作。师承孙大力先生学习厨艺，擅长川菜、粤菜制作。代表作品有：菊花鱼茸、牡丹大虾、口袋豆腐、金汁素燕。曾在1999年荣获北京烹饪技能大赛铜奖；2000~2008年间荣获全国烹饪大赛二金一银。参与编著《小菜》内部教材；在《中国烹饪》《司务长》（内部刊物）杂志上发表过文章。传徒有陈永华、刘殿芝、缪坤、胡春涛、姚硕等。

刘建新

刘建新，1970年3月15日出生，北京人。高级技师。

1989年在北京国测国际会议会展中心参加工作。曾先后任职于中国大饭店、北京亚洲大酒店、北京万达索菲特大饭店、北京国贸大酒店、北京泛太平洋酒店等单位，任行政总厨。2019年至今在北京国测国际会议会展中心任行政总厨。师承曹斌先生学习厨艺。擅长西餐、融合菜制作。曾荣获烹饪大师、高级营养师、中国西餐烹饪大师、国际烹饪艺术家等称号。在法国雅高集团索菲特大酒店工作中担任行政总厨。传徒谢冬等。

王世敏

王世敏，1970年4月28日出生，黑龙江人。一级烹调师。

1988年8月在哈尔滨鲁府酒楼参加工作。1992年2月至1994年3月就职于哈尔滨垚来登酒楼；1995年1月至1996年11月就职于中国航天科技集团公司（原中国航天部）第三餐厅；2007年3月至2009年就职于月亮河度假酒店；2020年8月至今就职于京宴三环里餐厅。师承甄建军先生学习厨艺。代表作品有：酱爆肉丁、醋熘海参、菊花酸菜等。

林代彬

林代彬，1970年5月6日出生，四川人。烹饪技师。

1988年在北京清川饭庄参加工作。曾先后担任炎黄艺术馆美善堂副厨师长、二子饭店厨师长、千龄居厨师长、南国水乡川菜副厨师长、何合餐饮店店长、玉膳府店长、世能餐饮公司厨师长等职务。2022年至今就职于北京喜鹤餐饮公司，任项目经理。师承张文彦先生学习企业管理。擅长川菜、鲁菜制作。代表作品有：香锅鱼、精品毛血旺、招牌牛腩、老四川水煮牛肉、麻辣藤椒蛙等。传徒有雷炳银、孔寿春、周军、孟凡飞、张新友等。

张灏

张灏，1970年7月10日出生，北京人。高级烹饪技师。

1990年10月在北京燕翔饭店参加工作。曾先后担任北京前门饭店厨师、燕翔饭店厨师、国家民族事务委员会机关服务局厨师长、红楼迎宾馆厨师。2017年至今任北京冬季奥组委特聘厨师。师承王志强先生、毕富学先生。擅长鲁菜、淮扬菜制作。代表作品有：翡翠野米烧海参、双色鳜鱼卷。曾荣获北京烹饪协会1999年烹饪大赛金奖；河北省烹饪协会爵位总厨大赛一等奖；获北京市烹饪大师荣誉称号。著有《刀工在烹饪中的重要性》《中餐烹饪培训细则》等论文。传徒有韩豆豆等。

石健晖

石健晖，1970年7月21日出生，安徽人。高级烹饪技师。

1990年3月至1992年12月在部队服役，转业后，先后就职于黄山市延安宾馆、北京首都创业集团有限公司、上海徽珍园、轩辕国际大酒店、徽商故里集团等单位，担任厨师长、行政总厨等职；2021年7月后担任徽商故里集团产品研发部副总监、总监等职，擅长徽菜制作。代表作品有：臭鳜鱼、烤羊排、茶笋老鸭汤等。2015年荣获五星级全国文化主题店菜品制作二等奖；2020年获得徽菜大师称号；2021年获得第三届齐鲁厨师艺术节最佳行政总厨金鼎奖。

林保军

林保军，1970年7月29日出生，北京人。中式高级烹饪技师。

1988年10月在北京燕都饭店参加工作，2000年3月在北大方正盛荣餐饮有限公司任餐饮总监，2010年7月在中国石油阳光餐饮有限公司任总监至今。经过几十年的探索和学习，为了更好地理解中国餐饮文化和提高烹饪技术，拜入淮扬菜大师李玉芬先生门下。曾获八方食圣两届金厨帽擂主；国际食用菌烹饪比赛银奖；味道中国鼎厨烹饪比赛团体和个人金奖；中餐名厨创新之星奖等。代表作品有：未名湖畔、富贵牡丹虾、龙腾虎跃等。曾参与《这样饮食才健康》《这样减肥才有效》的编著工作。传徒有张海涛、高天明、李彦表、陆泽仕等。

张万忠

张万忠，1970年9月16日出生，北京人。高级烹饪技师。

1989年在北京北海仿膳饭庄参加工作，跟随满汉全席大师宫廷御膳传人董世国先生学习制作满汉全席和宫廷御膳。曾先后担任北京倍儿香餐饮有限公司总经理、阿曼阿拉布斯坦国际酒店中餐厨师长、北京浔一福餐饮有限公司总经理。擅长宫廷菜制作。代表作品有：一掌山河、乌龙吐珠、凤凰鱼肚等。曾任中央电视台天天饮食栏目特约厨师、澳大利亚SBS电视台嘉宾主持。曾获得1993年北京市饮食服务公司青年岗位技术能手奖，2007年北京市餐饮风云人物奖，并担任第2、3、4届搜厨国际烹饪大赛评委、中日韩厨王争霸赛评委、爱心杯全国满汉全席大赛副裁判长。曾在中国食品杂志发表《满汉全席诞生于民国初年》，担任《白话随园食单》编委，《爱上吃豆腐》主编，《中国烹饪古籍经典藏书》编委。传徒有席兆全、刘宣、任勇翔等。

程健

程健，1970 年 10 月 24 日出生，安徽人。高级技师。

1993 年 11 月在皖南光明（集团）有限公司参加工作。曾先后就职于皖南光明集团光明大酒店、北京尊旺餐厅、徽商故里集团，担任灶台主管、行政总厨、门店经理等职务。现任徽商故里集团广安门店总经理。代表作品有：徽商臭鳜鱼、胡氏一品锅、黄山云雾毛峰虾。曾荣获"中国徽菜传播大使"称号、2019 年黄山市餐饮烹饪行业协会"中国徽菜大师"称号、2020 年安徽省烹饪协会"安徽烹饪工匠"称号，2021 年被中国徽菜名厨专业委员会授予"优秀徽菜厨师长"称号。

梁东

梁东，1970年11月28日出生，北京人。高级技师。

1990年9月1日在北京天平利苑酒店参加工作。曾先后任职于北京凯莱大酒店餐饮部、北京鑫喜饭店管理公司、中海实业公司服务分公司、国务院国有资产监督委员会安定门餐厅等单位，担任经理。2019年至今任中海实业有限责任公司餐饮服务管理分公司经营管理部经理。师承屈浩先生学习厨艺。擅长广东菜制作。代表作品有：烧鹅、化皮乳猪、蜜汁叉烧。曾在"世界之友"杯烹饪大赛获热菜金奖。2009年被国资委机关服务中心党委评为先进个人；2010年"中石化杯"团餐烹饪营养知识竞赛荣获个人二等奖；2011年国资委职业技能大赛荣获三等奖；2011年被评为东城区食品卫生工作先进个人。传徒有毛澧远、高虎、姚洪权等。

纪建国

纪建国，1970年12月25日出生，北京人。高级技师、中国药膳大师。

1989年在北京新世界宾馆参加工作。曾先后任职于凯莱大酒店、沈阳广州美食城、北京美洲俱乐部、金白领餐饮公司、爱玛客服务产业公司、科佳物业管理有限公司等单位，任厨师长、行政总厨、管理总监、菜品研发总监等职。现任海洋嘉业餐饮管理有限公司出品总监。师承屈浩先生学习厨艺。代表作品有：酱汁烤鳕鱼配轻煎土豆饼、佐法式蜂蜜大藏汁。曾荣获1996年全国烹饪大赛金奖；2003年新加坡酒店协会烹饪大赛金奖；2015年全国最佳厨师大奖赛金奖；2017年中国好厨师创意大赛金奖。传徒有王亚军、闫世中、黄聚、刘伟等。

罗大俊

罗大俊，1971年2月5日出生，四川人。高级烹调师。

1993年5月在北京丰台慧丰饭店参加工作，1994年5月至1997年3月在北京老员外豆花饭庄工作，1997年5月至2000年9月任天津万华饭店厨师长，2000年10月至今任北京明慧茶苑有限公司任行政总厨。师承邓代林先生、杜广贝先生。代表作品有：龙井虾仁、酸菜鱼、茶香仔排、开水白菜等。曾获得2005年上海慈善杯国际烹饪比赛一等奖，2009年8月被中国食文化研究会餐饮传承委员会授予食文化传承人称号，2006年在《中国烹饪》《东方美食》杂志发表主题为茶叶与食材结合的文章。传徒有杨林、王斌、刘小辉。

周德强

周德强，1971年3月18日出生，山东人。烹饪技师。

1992年在北京昌平明星大酒店参加工作，曾担任北京万城酒楼副厨师长、北京金鑫美食坊厨师长、北京侨海居酒店厨师长、北京通州月亮河度假村酒店厨师长；2016年至今任北京权茂餐饮公司厨师长。师承甄建军先生学习厨艺，擅长宫廷菜制作。代表作品有：御膳八珍翅、葱烧海参、醋熘海参、芙蓉鸡片。2021年5月跟随师父甄建军参加爱尔兰中国使馆举办的中国宫廷菜猪肉菜品比赛，并荣获一等奖。

谢万伦

谢万伦，1971年4月22日出生，四川人。烹饪技师。

1989年3月于沈阳军区某部服役，1990年5月调入沈阳军区企业局；1991年8月调入中国人民解放军总政治部天成集团石化开发部；1998年转入铁道科学院民铁科技部工作；2011年任北京环宇众诚科技发展有限公司总经理；2016年创建北京全牛道跷脚牛肉餐饮有限公司。师承张文彦先生学习企业管理。代表作品有：跷脚牛肉、乐山棒棒鸡。2017年任北京乐山企业商会党支部书记；曾荣获沈阳军区三等功一次；2019年被评为优秀党支部书记。

陈伟瀚

陈伟瀚，1971年5月19日出生，江西人。高级技师、公共营养师。

1989年7月至1994年6月于北京市饮食服务公司学习，1995年后先后就职于北京青龙大酒店、北京红大酒店等单位，担任主厨。2004年3月至今在江西赣州经营多家餐饮企业。师承张文彦先生，擅长赣菜、赣南客家菜制作。代表作品有：金钱鱼饼、八宝葫芦鸭、道菜扣肉、三杯鸡等。曾获得第三届国际美食养生大赛"柳林杯"个人金奖、第九届国际美食养生大赛"南洋杯"金奖、第十四届国际美食养生大赛"塞纳杯"团体金奖。《中华美食药膳》杂志专栏作家、《赣南客家美食精粹》编委、《赣南客家红色菜肴》《赣南客家饮食的文化意蕴及其发展趋势》《赣南客家菜风味特色探讨》主编。传徒有刘俐、张国兵、刘锡标、林新明等。

唐楼银

唐楼银，1971年7月16日出生，河南人。中式烹饪高级技师。

1990年12月于北京永定门酒家饭店参加工作，曾担任化工大学附中厨师长、北京金鑫美食坊厨师长、月亮河度假村中餐厨师长、北京伊水源会所厨师长；2018年至今担任北京惠丰堂饭庄行政总厨。师承甄建军先生学习厨艺，擅长宫廷菜及京鲁菜制作。代表作品有：葱烧辽参、油焖大虾、糟熘三白。曾在月亮河温泉假日酒店举办的"京城鲁菜创新厨艺大比武"中获创新一等奖；2021年跟随师父到爱尔兰驻中国大使馆举办传承与创新西食东风意活动，得到中外宾客一致好评，荣获一等奖。传徒有刘立刚、蔺聪、孟凡超。

王平

　　王平，1971年9月29日出生，河北人。高级烹饪技师、中国烹饪大师。

　　1992年在北京渔阳饭店参加工作，先后就职于昆泰酒店、北京天伦松鹤大饭店、天瑞酒店，担任主厨、行政总厨等职务。2008年至今担任北京新英才学校膳食处处长。师承关伟雄先生。擅长粤菜制作。代表作品有：珍珠泰汁鲈鱼、玫瑰酱鸭、玫瑰豉油乳鸽等。荣获2020年度中国餐饮优异之星、2021年中国餐饮出品先锋人物等称号。曾获得第二届全国流行菜烹饪大赛银奖，第二届国际行政总厨艺术烹饪大赛金奖，建国七十周年中国餐饮创新成果烹饪大赛金奖，第十届创新粤菜烹饪大赛金奖，首届广东远洋渔业杯金枪鱼烹饪大赛金奖。

张茹森

张茹森，1971年12月6日出生，山东人。烹饪技师。

1988年在黑龙江省牡丹江海林储木厂食堂学习红案，1992年调至牡丹江市审计局餐厅任总厨，1994年于北京天厨烹饪学校第十期高级烹饪班学习，1998年在北京东四米市大街东北美食王任行政主厨，2001年在北京工商银行蒲黄榆分行餐厅任总厨，2004年后分别担任北京雍和宫宜春园经理、北京化工二厂内部餐厅经理、电子信息工业部餐厅经理、北京怀柔有色金属厂醉兴阁宾馆总经理；2018年至今担任北京市朝阳区北京东聚君来餐饮服务公司、北京君来四季餐饮服务公司经理。师承王连生先生、温海涛先生学习厨艺。代表菜品有：京葱香酥鸡、西兰鹿肉等。2003年被中国烹饪协会授予中国烹饪名师称号，2009年获首届首都青年烹饪艺术家证书，2009年获国际烹饪艺术大师奖章。

刘加兴

刘加兴，1971年12月29日出生，天津人。烹饪技师。

1989年于北京宣武饮食公司烤肉刘餐厅参加工作，后到元兴堂饭庄、吐鲁番餐厅、前门饭店学习。2003年起在京开办多家烤肉刘餐厅，负责经营及菜品研发。师承刘德祥先生学习厨艺。代表作品有：老北京炙子烤羊肉、炙子烤牛肉、烤酸菜羊肉、小碗炖牛肉及蒜香羊肉。烤肉刘腌制配方被收录为非物质文化遗产代表项目，烤肉刘品牌被誉为北京老字号，烤肉刘餐厅被评为中华民族特色餐厅。本人入选2019年《北广人物》杂志第20期封面人物。

刘占胜

刘占胜，1972年2月20日出生，河北人。高级烹饪技师。

1989年10月在北京雅美餐厅参加工作。1993年5月后在中国香港美食城、淮扬村、珠穆朗玛峰宾馆、大兴会所等单位担任厨师长、行政主厨等职；2009年12月~2010年12月在全国政协文化餐厅担任行政总厨；2011年1月至今在礼信年年餐饮管理有限公司担任行政总监。师承郑秀生先生。代表作品有：拆烩鲢鱼头、蟹粉狮子头、响油鳝糊、红烧河豚等。2018年获得中华厨师协会颁发的"中国烹饪大师"奖；2019年获得全国第二届创意菜烹饪大赛团体金奖。传徒有郭树宾、王辉、何贵云、赵安瑜。

石送军

石送军，1972年3月9日出生，湖北人。烹饪技师。

1987年3月在九江市浔阳饭店参加工作；1989年在武昌区余家头独立操作吊炉烧饼、热干面；1992年在武汉登峰酒家学习红案；1995年5月至2021年3月担任北京九头鸟餐饮管理有限公司行政总厨、生产副总；2004年6月创建北京小石灶酒家；2019年创建北京渔院丹江餐饮管理有限公司。师承卢玉成先生。代表作品有：煎蒸大白鲷、古法烧憨巴鱼、洪湖莲藕筒骨汤等。曾获得1991年武昌区青年劳动能手奖，2009年楚菜新锐奖。2001年担任湖北烹饪协会（北京分会）副会长；2020年担任湖北商会（餐饮专业委员会）副会长；2021年担任长沙鱼王争霸赛评委。传徒有涂涛、黄斌、吕文君、刘水民。

张维军

张维军，1972年3月19日出生，陕西人。高级烹饪技师。

1991年在89720部队后勤部服务中心入伍，1994年转业后到中国航天科技集团公司航天部一院第三餐厅。先后就职于东直门京新美食坊、地安门41号会所、大宅门首体店、大鸭梨餐厅、四世同堂餐厅。师承甄建军先生。代表作品有：同堂全家福、爆三样、干炸丸子等。2009年获"国际烹饪艺术大师"称号，2009年获"中国烹坛艺术大师"称号，2021年接受BTV"味道掌门"专访。传徒有李龙、贺王振。

范友军

范友军，1972年3月23日出生，四川人。高级烹饪技师。

2000年3月在中国人民大学贤进楼酒店参加工作，先后就职于北京裕龙大酒店、谭氏官府菜、春晖园温泉度假酒店、北京会议中心、廊坊天下第一城等单位，担任副厨师长、厨房主管等职务。2014年9月至今在北京宏昌俊俱乐部餐厅担任厨师长。师承林弟先生。代表作品有：黄焖佛跳墙、葱烧海参、红烧鱼翅、红煨鲍鱼等。曾获得FHC国际烹饪大赛金奖、搜厨国际烹饪大赛金奖。曾任《家常炖补100锅》《四季炖补100锅》《秘制调味酱汁在宴会菜肴中的应用》编委。

武凌雪

武凌雪，1972年5月4日出生，河北人。

1994年9月于北京门头沟火锅城参加工作。曾担任北京门头沟火锅城经理、北京房山兴业火锅城经理、北京怡仙庄酒楼总经理、石家庄便宜坊火锅城总经理。2015年至今，创办保定坦坤商贸有限公司、河北易县燕都家宴饭店（易水壹号饭店）、保定容金餐饮服务有限公司，并担任总经理；同时承担河北定兴、易县等多家学校后勤保障服务工作。师承张文彦先生学习企业管理。代表作品有：国宴狮子头、帅府白菜、玻璃鸽子。曾获得2018年最美易乡味道特色美食大赛二等奖；2019年被评为"中华美食养生十大风云人物"。

付宗玺

付宗玺，1972年5月24日出生，山东人。面点技师、高级裁判员。

1996年3月至1998年7月担任北京大亨酒家餐厅楼面部长；1998年7月至2000年7月担任福成肥牛餐厅楼面主管；2000年8月至2002年8月担任北京布衣食府餐厅主管；2002年8月至今担任旺顺阁投资管理集团有限公司研发经理。师承王志强先生。代表作品有：老北京手工菜团子、一尺半大油条等。曾获得北京市第八届中式面点比赛第四名、中式面点优秀选手奖。中国烹饪协会注册中国名师，北京市中式面点高级裁判员。2015年获得世界纪录协会颁发的"世界最大的鱼头泡饼"（直径1.78米）证书。

迟思刚

迟思刚，1972年6月1日出生，北京人。中国烹饪大师。

1990年在北京中山公园来今雨轩参加工作；1994~2001年在北京四川饭店工作。北京新派品质卤煮创始人。2004年自主开创"肠王品牌"，近20年来，本着"少油无异味、可以喝汤的健康卤煮"经营理念，坚持选用大品牌鲜肥肠、19味同仁堂优质草本加纯净水熬制老汤，不断传承创新，招牌菜"肠王炭烧脆皮大肠""肠王卤煮火锅"获得北京风味名菜奖。此外，他还融会贯通开发具有时代特色的暗香三兄弟、肠王小串、藤椒卤煮等。师承孙大力先生。代表作品有：卤煮火锅、肠王炭烧脆皮大肠等。编著《中国肥肠1001种做法》。传徒何双。

连随生

连随生，1972年6月6日出生，河北人。高级烹饪技师。

1990年8月至1992年3月在北京市华天饮食公司三分公司新南饭馆工作，先后就职于烤肉宛饭庄、北来顺饭庄、聚德华天又一顺饭庄，任副厨师长等职。2019年至今担任聚德华天又一顺饭庄副经理。师承杨国桐先生。擅长清真菜制作。代表作品有：干烧黄鱼、红烧牛尾、焦熘肉片、醋熘木须等。2005年在第四届全国清真烹饪技术比赛中荣获热菜金奖；2006年全聚德杯烹饪大赛中荣获热菜金奖；2009年在聚德华天菜品创新工作年度表彰会获菜品创新奖。传徒有王刚、孙旭东。

董强

董强，1972年6月11日出生，山东人。高级烹饪技师。

1993年10月至2008年12月在广东海湾酒店、北京西苑饭店、北京鱼翅皇酒店、北京中苑宾馆、北京天赐庄园等单位工作，担任厨师长；2009年2月至今在中国航天科工三院后勤集团科保中心第二招待所担任厨师长。曾于2011年9月至2015年7月在北京企业管理研修学院学习酒店管理。代表作品有：黄焖养生一品、意境竹笙松茸等。2017年荣获丰台餐饮住宿行业"工匠大师"称号；2018年在"今世缘杯"烹饪服务技能大赛中获金奖；2019年荣获丰台餐饮住宿行业"匠之魂"荣誉勋章。

顾新立

顾新立，1972年6月12日出生，新疆人。高级技师、高级公共营养师、中国烹饪大师。

1992年在新疆驻京办事处新疆大厦参加工作，先后就职于新疆鸿福大饭店"鎏金岁月"餐厅、新疆驻京办事处珍味宫餐厅、北京新立餐饮管理有限公司、北京塔河宾馆、北京辰茂鸿翔酒店等单位，担任主厨。2016年8月成立北京疆湖餐饮服务有限公司。师承高炳义先生。代表作品有：西域珍味满坛香、丝路金丝袈裟、巴楚菇炒虾球。在新疆驻京办新疆大厦工作期间，多次接待过国家领导人及外国元首。2015年获"中国清真餐饮十大名厨"称号；2018年获得中国教育电视台"少年工匠"栏目组"优秀导师"称号；2019年参加第二届世界中餐大赛获得个人赛钻石金奖。先后在中国烹饪杂志发表多篇作品。传徒有李鸣、李爱民、郭文超、陈田勇、王富强等。

张宝田

张宝田，1972年8月28日出生，黑龙江人。中国烹饪大师。

1996~2002年在北京碧溪饭店任行政总厨、餐饮总监；2002~2008年在中华人民共和国铁道部任局长餐厅、部长餐厅总厨；2008~2012年在中国农业科学院任商务酒店美食广场总经理；2012年至今任北京聚鑫缘餐饮管理有限公司董事长。师承赵春源先生。代表作品有：鲜汁蟠龙鱼、如意明虾皇、麒麟献宝、龙凤呈祥等。先后获得国家职业技能竞赛裁判员证书，是全国饭店业国家级评委、国家高级烹调技师、高级营养配餐师。曾在国际食神争霸赛上获个人金奖、银奖。传徒有张玉涛。

陈得广

陈得广，1972年9月1日出生，河北人。高级烹饪技师。

1994年在北京朝阳区花香鸟语餐厅参加工作。1996年后到大地餐厅、朝阳区顺合兴鲍翅楼、吉林市西关宾馆等单位工作，2008年担任北京进军世间美食有限责任公司生产总监，2014年担任南京世界青年运动会运动员餐厅副总监，2022年调入北京世高食品有限公司，现任固安豪康食品加工有限公司副总经理。师承高占军。代表作品有：烧海参、浓汤鱼翅、鲍参翅肚羹等。传徒有卢楠。

李云伟

李云伟，1972年9月9日出生，河北人。高级烹饪技师。

1990年在北京华北大酒店参加工作，先后就职于齐天乐园谭家菜、北京蟹岛度假村、弘利天外天酒楼、郑州兴亚建国酒店、北京玉泉2号钻石顶级会所、三亚海韵度假酒店、北京盛世那家餐饮连锁集团、长城脚下公社（凯宾斯基）中餐部等单位。2016年10月创立小城外婆肴私家菜品牌，同时担任多家餐厅的菜品研发顾问。师承王海东先生。代表作品：外婆私房大肘子等。世界中餐联合会青年名厨委副主席。2002年获得挪威三文鱼中式烹饪大赛金奖；2003年获第五届烹饪大赛银奖；2004年获第三届全国药膳比赛金奖；2008年获得杨贯一"基金杯"全国鲍鱼大赛金奖；2021年获中餐青年厨师菁英"烽火杯"奖。

蒋禄见

蒋禄见，1972年10月18日出生，重庆人。高级烹饪技师。

1995年5月在北京怡园酒楼参加工作。1998年9月至2007年5月在北京花家怡园餐饮公司工作；2007年5月至今担任北京聚德楼餐饮公司董事长。师承王希富先生、冯端阳先生、王志忠先生。擅长川鲁菜制作。代表作品有：干烧江团、脆皮鱼、炉肉扒海参、清酱肉蒸津白等。

王振

王振，1972年11月8日出生，河北人。高级烹饪技师。

1994年12月至1996年5月在北京市宣武区天梦圆饭庄工作；1996年5月至1999年8月担任北京万城酒楼凉菜主管；1999年8月至2003年10月在北京华夏证券公司热菜炒锅；2003年10月至2006年9月担任北京金新美食坊厨师长；2006年9月至2015年3月担任北京通州月亮河温泉假日酒店中餐厨师长；2015年3月至今担任北度联盟碧波岛花园民宿酒店行政总厨。师承甄建军先生。擅长宫廷菜和京味菜制作。代表作品有：葱烧海参、油焖大虾、芙蓉鸡片等。传徒有田孝函、夏克军、刘敬敬。

王金武

王金武，1972年12月4日出生，北京人。高级烹饪技师。

1993~2004年分别在新大都饭店、亚洲大酒店、苏源锦江大酒店工作；2004~2005年在北京郭林餐饮集团担任厨师长；2005年6月至今在北京福建大厦工作。师承马爱军先生。擅长福建菜制作。代表作品有：佛跳墙、荔枝肉、姜母鸭、五香卷等。2006~2014年连续9年在两会期间承担领导人接待宴请任务；2022年3月借调到首都宾馆，参与接待两会代表的任务，工作期间年年被评为优秀员工。曾在青年厨师技术大赛中荣获二等奖。

赵辉

赵辉，1973年1月5日出生，河北人。高级烹饪技师。

1994~1996年在黑龙江驻京办事处首长厅任职，先后任职于北京同泽园、广东韶关小岛饭店、北京西华饭店、天津和平区香港路1号等单位，担任厨师长、行政总厨。2018年调入北京官悦酒店管理有限公司观悦新京菜饭店任行政总厨。师承高占军先生。擅长御膳菜制作。代表作品有：熘凤脯、至尊佛跳墙、芫爆龙凤丝等。曾荣获"韶山杯"美食养生大赛个人金奖。传徒有李家鑫、张广飞、王雨。

张志安

张志安，1973年1月6日出生，河北人。高级技师。

1992年在石家庄政府招待所参加工作，先后任石家庄政府招待所厨师、国务院服务局北戴河局主厨、中国中煤能源集团公司厨师长、百环大酒店中餐厅总厨兼餐饮部经理、金丰餐饮公司行政总厨、华地餐饮公司技术总监兼副总、韩国百乐达斯城中餐部技术总监兼中餐部课长、万丰路御鲜坊深海帝王蟹总经理、东耀餐饮公司运营总监、味美瑞佳餐饮公司总经理。代表作品有：佛跳墙、煎烹牛仔粒、广式沙姜鸡、拆烩鱼头。曾荣获北京市第一届营养师大赛金牌、亚洲蓝带大师称号。传徒有陈翔楠、郭娟、岳文佳。

代传好

代传好，1973年1月8日出生，安徽人。高级烹饪技师。

1991~1993年在北京华天饮食服务公司学习，1994年后在北京花家怡园餐厅、北京利淂利烤鸭店、海福阁大酒店、金九龙大酒店、万家乐海鲜大酒楼等单位工作学习。通过多年努力，逐步从普通厨师提升到厨师主管；2011~2015年在北京市政府餐厅担任厨师长。师承白常继先生。代表作品有：江湖烤全鱼、椒麻飘香鸡、葱烧辽参、九转大肠等。曾获得2012年北京市政府厨师长创新奖；2016年西城区人力资源保障部人才贡献奖；2021年获得中华美食养生风云人物称号。传徒有艾利涛、李伟斌、侯教练、邵庆华、胡波。

韩国孝

韩国孝，1973年2月24日出生，河北人。高级烹饪技师、中国烹饪大师。

1994年参加工作，先后在昌平黄土地美食城、保定蠡县留史日月星大酒店、联想餐厅担任厨师长；2003~2011年任北京屈浩烹饪学校主讲老师；2011年至今任北京胜利玉林烤鸭店凉菜研发总监。师承屈浩先生。代表作品有：陈皮樱桃山药、北方酱肉、秘制酱香鹌鹑等。曾参加"庆香港回归十周年"大型宴会制作；2005年获河南省食品雕刻工艺技能大赛百花金奖；2008年获中国烹饪世界大赛个人特金奖及团体金奖；第六届全国烹饪技能大赛中获全国最佳厨师称号；被北京市烹饪协会、中华人民共和国人力资源和社会保障部授予"冷荤艺术雕刻大师"和"北京市高级工职业技术能手"称号。传徒有张岩、吕强强、雷文郑、刘景伟、李成旺等。

刘玮

刘玮，1973年3月5日出生，北京人。高级烹饪技师。

1992年在北京便宜坊烤鸭集团参加工作。1992~2001年在便宜坊哈德门店担任厨师、副厨师长、经理等职；2001年10月~2003年1月外派尼泊尔北京烤鸭店工作；2003~2011年担任便宜坊烤鸭集团安华店经理；2011~2017年担任北京便宜坊烤鸭集团副总经理；2017~2020年担任北京东方奥天资产经营有限公司党委副书记、总经理；2020年8月至今担任北京便宜坊烤鸭集团党委副书记、总经理。2008年荣获北京市迎奥运先进个人。师承郑秀生先生。代表作品有：焖炉烤鸭、拆烩鲢鱼头、清炖狮子头等。2009年荣获中华全国总工会颁发"工人先锋号"称号；2012荣获"中国烹饪（餐饮服务）大师金爵奖"。传徒有魏鑫、段兰兰。

许健

　　许健，1973年6月12日出生，山东人。高级技师。

　　1990年10月在德州夏津宾馆参加工作，先后在德州市夏津宾馆、东营大酒店、蓝海集团西城宾馆、青岛黄金海岸大酒店、北京王府井大饭店工作；2012年至今在北京新东方烹饪学校任教。师承曹其顺先生学习厨艺。擅长鲁菜、粤菜制作。代表作品有：金汤百花酿海参、金丝榴莲凤尾虾、凤凰戏牡丹、孔雀迎宾。曾获得1998年"世界华人烹饪技能大赛"金奖、北京市第三届烹饪服务技术大赛金奖、第十届中国药膳制作技术大赛金奖、第二届东方美食国际大奖赛金奖、第十一届全国海鲜大赛特金奖。2004年出版《宴会食雕应用》一书。传徒有王硕、冉晨晟。

刘明磊

刘明磊，1973年7月6日出生，北京人。高级技师。

1991年11月在北京建国饭店参加工作，先后任北京市建国饭店中餐厨师、中厨房主管，北京市工大建国饭店中厨房厨师长、北京昆泰酒店中厨房厨师长；2015年3月至今，任北京市工贸技师学院服务管理分院教师。擅长粤菜制作。代表作品有：鲍汁扣辽参、碧绿石斑球、花胶扣鹅掌、红烧石岐乳鸽、金华玉树鸡。曾获得全国首届技工院校教师职业能力大赛北京市第一名、全国首届技工院校教师职业能力大赛全国第一名、北京市级先进教育工作者、北京市京城机电集团劳动模范称号。著有《基础热菜制作》校本教材。

孟繁喜

孟繁喜，1973 年 8 月 3 日出生，黑龙江人。高级技师。

1998 年在北京谭华轩酒店参加工作，先后在北京融缘府、六合宴工作；2008 年至今在北京红番茄工作。师承周宏先生。代表作品有：红烧驼掌、蚝油网鲍、海烩四宝。曾获得第七届药膳养生技术大赛特金奖、2013 年度饮食行业最具创新力总厨奖、2019 年好厨师好菜品技术大赛特等奖。著有《论汤的制作工艺与营养》论述。传徒胡强威。

田多军

田多军，1973年8月10日出生，河北人。高级技师。

1991年在南京金陵饭店参加工作，先后任南京金陵饭店厨师、北京西直门饭店厨师、体育大学会议中心酒店厨师长、北京五洲金源厨师长；2019年至今，任北京中电联酒店厨师长。师承高占军先生学习厨艺。擅长宫廷菜制作。代表作品有：官府佛跳墙、官府黄焖翅、葱烧辽参、鳕鱼狮子头。曾荣获2008年韶山杯美食养生大赛金奖、2013年中华金厨奖、2016年食神争霸赛职业技能比赛一等奖。传徒有王豪、史伟。

李铁路

李铁路，1973年9月4日出生，北京人。

1997年在北京阳坊路顺达清真食品有限公司参加工作。2009年至今，创建北京月朗农家院餐饮有限公司。代表作品有：月朗斋烤全羊、一米长宝剑肉串、丝绸之路羊汤火锅。曾获2018京津冀烤全羊大赛金奖、金牌羊肉串称号、北京首届乡村厨神大赛二等奖。北京月朗农家院荣获北京市规范化清真餐厅称号。

刘文题

刘文题，1973年9月6日出生，北京人。特一级技师。

1991年9月13日在北京阿里山饼屋参加工作，先后在北京万城酒楼、北京涵珍园、北京通州月亮河度假村、北京健一公馆、北京霄云苑餐厅工作。师承甄建军先生学习厨艺。擅长鲁菜制作。代表作品有：干炸丸子、赛螃蟹、九转大肠、南煎丸子、葱烧海参。曾于2012年赴中国台湾进行菜品交流学习，2021年曾参加爱尔兰大使馆中国宫廷菜猪肉菜品比赛并获得一等奖。传徒有丛月、齐国刚、张宝山。

孙东斌

孙东斌，1973年9月13日出生，山东人。高级烹饪技师。

1992年12月参军，在中国人民解放军总参管理局厨师培训中心工作并学习中餐制作；1998年任培训中心主厨并担任军地两用人才培训的烹饪教学及学员实习辅导工作；2001年拜烹饪大师朱燕家先生为师，学习热菜制作及冷荤拼摆等厨艺。代表作品有：金龟贺寿、翡翠金瓜海参卷、金丝豆腐等。2005年退伍后在中国人民解放军总参兵种部金台饭店工作，后在汤加王国、塞浦路斯等国使馆中任中餐厨师长。2001年参加总参系统举办的新世纪技能大赛并荣获热菜金奖；2002年荣获首届首都美食技艺"双桥杯"热菜金奖；2007年荣获首都保健营养美食学会举办的迎奥运"鑫鹏超群杯"热菜金奖。

丁国雨

丁国雨，1973年9月19日出生，北京人。烹饪技师。

1992年5月于北京丰兴园饭庄参加工作，曾担任丰兴园饭庄分店厨师长；2008年5月至今任北京市首都公路发展集团有限公司京开高速公路管理分公司行政总厨。曾跟随吴承先生学习厨艺。擅长鲁菜制作。代表作品有：清汤鱼丸、烩乌鱼蛋汤。曾获得1997年大兴区厨艺大赛第三名，2008年北京市首都公路发展集团有限公司京开分公司第三届厨艺比赛第二名，2015年北京市首都公路发展集团有限公司厨艺技能大赛个人优秀奖、集团岗位标兵，连续两年荣获北京市首都公路发展集团有限公司优秀共产党员。传徒有刘栋元、袁恒伟、何晓慧。

陈一庆

陈一庆，1973年9月22日出生，重庆人。烹饪技师。

1995年在重庆梦缘餐厅参加工作，先后在重庆梦缘餐厅、北京天府酒家、河北廊坊老鱼锅酒店、北京上鱼舫餐饮工作，2016年6月至今创办北京陈三多食品有限公司并担任董事长。师承张文彦先生学习企业管理。擅长川菜、卤味火锅底料、草木卤火锅底料、香油制作。代表作品有：重庆火锅、鱼火锅、卤肥肠、泉水鸡、脆皮五花肉烧鸡公。曾获中国烹饪协会授予的中国名火锅、中国绿色火锅称号，中国饭店协会国家级火锅评委，中国烹饪协会国家级评委，北京餐饮协会副会长，北京重庆商会副会长。传徒有付绍乾、谭术生、康波、康冲、叶飞、唐亮等。

张陆军

张陆军，1973年9月28日出生，北京人。特级技师。

1989年11月在北京全聚德前门烤鸭店参加工作，学习烤鸭制作技艺，先后在北京全聚德前门烤鸭店、江苏昆山嘉乐烤鸭店工作；2009年后创办北京果果烤鸭店、北京鸭匠烤鸭店、"张陆军大师工作室"和"宫廷烤鸭"技艺研发基地。师承常国璋先生学习厨艺。代表作品有：宫廷双炉烤鸭、全鸭席。曾获得全国御膳专家委员会认定的"中国御膳大师"荣誉称号、"中国御膳杯"传承项目大赛金奖。曾撰写"宫廷烤鸭技艺"非遗项目阐述。传徒有王诚等。

王福建

王福建，1973年10月12日出生，重庆人。中式烹饪技师。

1995~2002年任北京淮南豆腐宴厨师长；2002~2007年任北京金山城连锁餐饮总厨师长；2007~2013年任北京市政协会议中心厨师长，主要为市政府主要领导、两会委员、重大会议提供就餐服务。2014年至今担任北京嘉和一品大型连锁餐饮研发总监。师承屈浩先生。代表作品有：重庆江湖菜、藤椒鱼、毛血旺、馋嘴蛙、水煮鱼等。在海淀饮食行业协会举办的1997年迎香港回归杯比赛中荣获一等奖，曾获得首都名厨及法国大中华区最佳蓝带之星称号。

张大江

张大江，1973年10月27日出生，山东人。烹饪技师。

1990年于哈尔滨北方大厦参加工作，曾就职于哈尔滨太阳岛老干部休养中心、北京全聚德餐饮管理公司王府井店、北京小王府、北京鸭王甜水园店、北京四季长安海参馆等单位，担任厨师长、行政总厨；现任北京京帅餐饮管理有限公司总经理，"福民號百年馒头"面食技术五代传人。师承杨宗满先生。代表作品有：天鹅猴头、葱烧海参。曾获得哈尔滨消夏美食节厨艺大赛金奖、北京国际营养与健康美食烹饪大赛金奖，被北京BTV食全食美栏目授予金勺奖，2014年获得CCTV2中法厨王争霸赛亚军。传徒有由善超。

陈光

陈光，1973年10月28日出生，河北人。高级烹饪技师。

1997年参加工作，先后在广深酒店、中华人民共和国生态环境部文体楼餐厅、八达岭庄园饭店、延庆快乐假日大酒店、北京市政府外联办怀柔接待处等单位工作学习；2018年11月至今任职于北京丰泽园饭店亚运村店。师承屈浩先生。代表作品有：葱烧海参、金汤野米烩花胶等。曾荣获全国第二届创意菜烹饪大赛特金奖；2005年首都营养美食协会授予"首都烹饪艺术家"称号。多次在《中国烹饪》《东方美食》《中国大厨》等杂志发表作品。传徒有孔庆礼、花海功。

胡 辉

胡辉，1973年11月2日出生，安徽人。高级烹饪技师。

1993年在北京宝山粤菜酒楼参加工作。1995~2003年担任宝山粤菜酒楼、海龙王大酒楼头砧；2003~2012年担任济南市金道大酒楼、北京市众源源食府厨师长；2012~2018年担任好百年酒楼、宏福鑫餐饮管理有限公司总厨；2018年至今担任北京市丰益斋餐饮管理有限公司总经理。师承崔玉芬先生。代表作品有：特色香酥牛肋排、新派炸松肉、秘制小碗牛肉等。曾获得2018年"中华料理铁人杯"烹饪绝技传承大赛最佳创意奖，2020年中华料理铁人非遗菜品技术传承"翠华杯"精品鲁菜创意交流会金奖。

朱建军

朱建军，1973年11月5日出生，山东人。特三级厨师。

1992年12月至1993年9月在济南军区某部队服役，曾在济南军区长城宾馆事厨；1995年后在北京某部负责招待外宾；2004年后在国宏酒店管理公司担任总经理助理；2008年后担任北京禾绿回转寿司饮食有限公司区长；2012年后任北京金山城公司总经理；2014~2019年任北京馋火炉鱼有限公司总经理；2019年12月至今担任北京馋忛馨华国际餐饮管理有限公司总经理。师承朱永松先生。代表作品有：灌汤虾球、烩乌鱼蛋汤、葱烧海参等。曾荣获后勤部第三、第四届烹饪比赛冷菜第一名；2004年荣获中央军事委员会办公厅直属工作局颁发的三等功一次。

吴小锁

　　吴小锁，1973年12月3日出生，安徽人。中国营养配餐师、高级烹饪技师。

　　1993年在安庆市黄梅戏校梅园餐厅学习厨房面点及粗加工；1998年到安庆市锦都大酒店实习做炒锅、凉菜；2000年在红梅酒楼任厨师长；2003年进入安庆市中宜大酒店任行政总厨；2005年6月调到北京市西城区中国徽菜花亭湖担任副总兼行政总厨；2014年2月到北京市青年餐厅餐饮集团总部，参加产品研发工作；2015年10月至今为北京市江君府餐饮有限公司合伙人之一。师承鲍兴先生、李宏钢先生。代表作品有：汤烧臭鳜鱼、水碗捶肉、农家刀剁糊等。现有北京市食品卫生监督员证书，任东方美食杂志特约记者。传徒有祝龙光、薛剑等。

张宝军

张宝军，1973年12月3日出生，河北人。高级烹饪技师。

1988年参加工作，先后在秦皇岛市饮食公司稻海饭店、秦皇岛市海员国际大酒店、北京巴西自助烤肉店、承德顺凯达海鲜大酒店等单位任厨师长、行政总厨，2003~2015年创建了秦皇岛市阿宝砂锅饭店和东坡府酒店，2015年至今创建了秦皇岛圣比特南美自助烤肉餐饮有限公司和君诚至程餐饮管理有限公司旗下项目：壹点心益素食自助餐厅、阿宝砂锅、阿宝原汤面等全国直营连锁品牌，并担任董事长。师承张文彦先生。代表作品有：圣比特南美大串烤肉、阿宝砂锅狮子头、阿宝原汤面等。曾荣获第五届国际美食养生大赛"长城杯"金奖。传徒有刘宁、袁纯卿等。

李月宽

李月宽，1973年12月6日出生，安徽人。高级烹饪技师。

1989年在安徽亚细亚酒店参加工作担任厨师长，先后就职于北京黄埔会餐厅、北京易宴餐厅、和平国际酒店、澳洲外滩餐厅等单位。2015年至今在澳大利亚自营 Andly private kitchen（私家厨房）。代表作品有：啤酒雪蟹、薄烧和牛、秘制小羊排、黄油酸汤狮子头等。荣获中央电视台CCTV4花刀工夫一等奖、2017年和2018年连续两年荣获澳洲金盘子大奖、2019年亚洲融合菜大奖、2020年澳大利亚全国亚洲料理大奖、2020~2022年连续三年荣获澳洲两个帽子餐厅总摘得14颗星、2021年荣获澳洲餐饮行业卓越大奖、2014年荣获亚洲御厨称号。

王德胜

王德胜，1974年2月9日出生，安徽人。高级技师。

1993年5月在北京通泰餐饮集团参加工作，先后任北京通泰餐饮集团公司厨师、厨师长、行政总厨，现任集团公司总经理，公司旗下在京津冀等地设有多家分公司，主要为北京中小学生及企事业单位提供营养餐服务。师承屈浩先生学习厨艺。擅长鲁菜制作。代表作品有：锅塌鱼、脱骨八宝鸭、葱烧海参。曾获得2011年全国首届创意中国菜烹饪大赛个人金奖、北京市首届优质学生营养餐比赛金奖、2014年荣获全国第二届创意烹饪团体大赛个人金奖、2018年北京市教育委员会"营在校园"厨艺大赛金勺厨师奖。传徒有夏伦和、薛冠营、夏阿满、张朝庭、刘岗。

王喜

王喜，1974年2月16日出生，黑龙江人。高级技师。

1993年在北京钟磬山庄参加工作，先后任湖苑山庄餐饮部厨师、中华人民共和国审计署怀柔培训基地餐饮部班组长、怀柔区煤炭公司干部餐厅主厨；2011年至今在钟磬山庄任副厨师长。师承王爱平先生、朱祥月先生学习厨艺。代表作品：孔雀开屏鲟鱼、黄金菠菜球、金盏梅花。曾被评为1995年世界妇女大会先进个人，获得中国药膳第六届养生技术制作（烹饪）大赛个人热菜"特金奖"，北京市第三届职业技能大赛怀柔赛区中式烹调师比赛第一名。传徒有张英旺、贾铭春等。

熊永强

熊永强，1974年3月7日出生，湖北人。高级技师。

1995年在北京环东潮州美食城学徒，先后任北京市西直门潮州宾馆砧板、炒锅，鹰正餐厅主厨，空军总医院第一招待所厨房主厨，北京市丰台区大糖梨厨师长，鹰鑫宾馆餐饮总监。师承鲁文兴先生学习厨艺。擅长粤菜、湘菜制作。代表作品有：湘西小炒肉、脆皮虾胶。2015年被空军机关第一招待所评为卫生标兵。传徒有郝振亚。

彭新学

彭新学，1974年3月15日出生，河南人。烹饪技师。

1995年在河南驻马店越秀大酒店参加工作，先后在广州梅花村酒店任厨师、北京797厂任宴会厨师、中国人民银行离退休干部局任厨师长、青海雅君餐饮公司任厨师长、兰州兰亭轩大酒店任厨师长、北京九门小吃任厨师长、土耳其伊斯坦布尔中国餐厅任厨师长、天和晟品控部任热菜主管。师承宋波先生学习厨艺。擅长宫廷菜制作。代表作品有：坛子肉、碧玺牛肉、葱烧海参、菊花驼黄羹等。曾在2020年门头沟食全食美餐饮行业技能大赛中获得热菜个人一等奖、团体一等奖，在2021年"筷乐食光"餐饮技能大赛中获得三等奖。

卢兆邦

卢兆邦，1974年4月27日出生，广东人。高级技师。

1991年在深圳红宝路中云餐厅参加工作，先后就职于北京听鹂馆、西直门宾馆、北大博雅国际酒店；2021年至今，在澈商宴任私厨。师承关志群先生学习厨艺。擅长粤菜制作。代表作品有：脆皮乳鸽、神农烩辽参、双龙戏珠。曾获得第十届中国药膳制作技术大赛金奖，第二届"药王邳彤杯"药膳大赛特金奖。

张克菁

张克菁，1974年5月29日出生，北京人。

1994年在北京渔阳酒店参加工作，先后担任北京山斋餐厅、北京福成餐饮肥牛火锅总店及分店厨房管理工作，担任北京六合居餐饮副总兼行政总厨，曾担任多家在京及外埠餐饮店面厨务技术顾问；曾创办福成肥牛北京第一家火锅店；组建御香苑餐饮集团总部；创立正礼记餐饮及连锁店，打造京味火锅灸子烤肉的新型店态模式。师承张文彦先生学习餐饮管理。曾连续两年被评为山斋餐厅优秀员工；曾接受北京广播电台经济之声个人专访，北京电视台美食专访。

潘秀峰

潘秀峰，1974年6月5日出生，山东人。高级技师。

1993年在山东济南海陆空饭店参加工作，先后任山山东济南海陆空饭店厨师、山东济南东方宾馆厨师、北京洁诚源餐饮管理有限公司厨师长；2010年至今任礼信年年餐饮管理有限公司行政总厨。师承李德平先生学习厨艺。擅长鲁菜制作。代表作品有：九转大肠、糖醋黄河鲤鱼、干炸丸子等。曾荣获山东济南海陆空饭店"劳动模范奖"，泰安东方宾馆"最佳服务奖"，礼信年年餐饮管理公司"杰出厨师长奖""人才输出奖"。传徒有刘金库、王海洋。

薛红东

薛红东，1974年7月14日出生，陕西人。高级技师。

1991年在某部队后勤部入伍，先后在部队后勤部服务中心、中国航天科技集团公司一院第三餐厅、中国航天科技集团公司第一招待所、北京涵珍园国际酒店工作；现任北京大宅门亚运村总店行政总厨。2020年3月获得高级技师职称。师承甄建军先生学习厨艺。擅长京菜、鲁菜制作。代表作品有：酱爆肉丁、菊花炉肉热锅、锅塌鲍鱼盒、清酱肉丝。

胡志强

胡志强，1974年7月16日出生，天津人。高级技师。

1992年在浙江酒楼参加工作，先后在浙江酒楼任热菜出品厨师长、石头门坎餐饮管理有限公司任餐饮总监；2010年至今在北京礼信年年餐饮管理有限公司任高级经理、运营总监。师承董顺翔先生学习厨艺。代表作品有：拔丝高丽豆沙、酿馅鲫鱼。曾被天津市授予"技术创新先进个人"称号，"叫花童鸡""蟹黄鱼茸蛋"在天津市商务委员会、天津市人力资源和社会保障局、天津市烹饪协会举办的"天津市多菜系（浙菜）"比赛中获得热菜区金奖；"拔丝高丽豆沙""酿馅鲫鱼"在浙江杭州举办的首届中国美食节浙江赛区中被评为赛区金奖。传徒有宁鑫鑫、艾国栋。

韩虎杰

韩虎杰，1974年7月17日出生，甘肃人。高级技师。

1994年在北京海富门参加工作，先后在北京大阪涂园餐厅学习，北京釜江大酒店任炒锅，北京广深大酒店任主厨，北京海叶酒楼店任主厨，北京城市乐园酒店任主厨，北京惠福苑酒楼任主厨；2002年至今任北京海富门主厨。师承李宏迅先生学习厨艺。擅长淮扬菜制作。代表作品有：私房红烧肉、美味烧煎带鱼。曾获得2003年中央电视台新春厨艺大赛金奖、第九届"恰卡杯"中国药膳大赛金奖、第二届中关村国际美食节热菜特金奖、2016年度海淀区餐饮行业优秀厨师。传徒有康向威、韩健康。

孙长成

孙长成，1974年7月20日出生，北京人。高级技师。

1993年7月在北京全聚德烤鸭店参加工作，曾在北京全聚德天安门店工作，曾担任北京红莲烤鸭店原亚运村店店长；2008年至今，担任葵苑饭庄负责人。师承杜广贝先生学习厨艺。擅长鲁菜制作。代表作品有：九转大肠、葱烧海参。曾获得2017年度中华美食养生风云人物，曾获评中国烹饪协会"注册中国烹饪大师"称号，2019年被任命中国食文化研究会传承委员会副秘书长，同年兼任中国膳研究院执行院长，2020年获中国食文化研究会"中国食文化传承人"称号。传徒有王占熊、焦启印。

孙华盛

孙华盛，1974年7月21日出生，安徽人。高级技师、北京烹饪大师。1993年参加工作，曾担任北京郡王府饭店厨师长，首旅前门建国饭店行政总厨；先后创办北京参华盛餐饮管理公司、北京识厨懂味餐饮管理有限公司；北京"心煮艺"创始人；北京屈浩烹饪学校高级讲师，2010年同恩师屈浩先生一起创办"中和新国菜"。2016年投资"雅味烤鸭""小粤漾"等品牌。代表作品有：葱烧海参配藜麦、花胶佛跳墙、黑松露桂花鱼翅。曾获得亚洲金手勺大师称号，2005年6月被评定为高级营养配餐师，2012年10月被评定为北京市首期中式烹调师，2009年3月被授予首都优秀指导教师称号，2006年3月被授予北京烹饪大师称号，2021年被世界中餐业联合会评定为职业技能竞赛国际评委，曾获得北京BTV金勺奖等多项大赛金奖。传徒有邱斌、万焕军、王风伟、王辉等。

高明

高明，1974年8月9日出生，北京人。高级技师。

1992年7月至今，先后任职北京市丰台职业教育中心学校专业教师、教研组长、专业组长、教学处副主任；正高级教师。兼任北京市职业技术教育学会烹饪专业委员会副理事长、京津冀星厨联盟秘书长、新西兰厨师交流协会顾问等职。师承屈浩先生。代表作品：养生滋补尼松鸭、黑椒凤尾虾、五行豆腐羹等。曾多次参加中央人民广播电台、北京电视台节目录制；曾获得全国职业院校技术技能大赛优秀指导教师、北京市优秀教师称号，曾在全国教师教学能力大赛中荣获一等奖。主编出版《京菜技术》《砧板》《水台》等教材。传徒有牛楚轩、刘洋、吕航、苏浩、张明亮等。

张道荣

张道荣，1974年9月11日出生，四川人。高级烹饪技师。

1993年7月在宜宾五粮液酒店参加工作。曾就职于天津军交五所、宜宾五粮液大酒店、北京空军第四研究所、北京馥春州饮食公司等单位，任厨师、厨师长、行政总厨。2013年9月起至今任北京金悦印象小馆总厨、总经理。师承吴育彩先生学习厨艺。代表作品有：水煮鱼、辣子鸡、宫保鸡丁。1998年参加四川省烹饪大赛获团体金奖、个人热菜金牌、冷菜银牌；2000年参加北京市烹饪大赛获团体金奖、个人热菜金牌、创新菜金牌。传徒有张文泰、严高鹏、冯义秋、张丹。

孟凡宇

孟凡宇，1974年10月17日出生，山东人。一级技师。

1993年在济南珍珠意餐厅参加工作，先后担任鱼翅皇宫主厨，舜耕山庄副厨、厨师长，北京章丘海泰饭店厨师长、行政总厨、市场开发总监。师承郑秀生先生学习厨艺。擅长鲁菜制作。代表作品有：冲汤活海参、葱烧海参、有机土豆焖鲍鱼、黄焖甲鱼、手工鱼丸。曾在2017年中美御厨大赛获得金奖，2018年在山东济南烹饪协会举办的泉水宴大赛中获得金奖。传徒有张华伟、田赛赛、王万新、张作亮、孔凡雷。

陈卫里

陈卫里，1974年12月19日，山东人。烹饪技师。

1997年在北京淮安豆腐宴参加工作，先后任北京淮安豆腐宴厨师、北京章丘海泰食府厨师长、北京刘罗锅如意食府厨师长、石家庄随园京味楼厨师长；2020年至今在南京市中山陵宽渡翡翠花园酒店任厨师长。师承白常继先生学习厨艺。擅长淮扬菜制作。代表作品有：蟹黄狮子头、淮安软兜、龙井高邮虾仁。曾获得2012年低碳饮食与食品安全论坛金奖。

韩忠祥

韩忠祥，1975年1月1日出生，河北人。高级技师。

1992年在哈尔滨黑天鹅酒家学徒，先后任北京大兴黄村小豆花村酒楼厨师、御林古桑园行政总厨、北京御瓜园行政总厨；2010年创办北京太阳系麻辣烫品牌；2019年至今，创办串串相伴海鲜麻辣烫品牌。师承孔祥道先生学习厨艺。代表作品有：西瓜宴、花开富贵、巧妇童子瓜、白玉斩青龙。曾获得北京东方美食国际烹饪大赛优秀奖、2011年北京青年厨艺大赛三等奖，CCTV明星来主厨美食节目特邀大师。传徒有魏建东、戴明剑。

祝占东

祝占东，1975年2月4日出生，河北人。高级技师。

1992年在北京市政总公司餐厅参加工作。曾担任首源物业管理有限公司行政总厨、大观园"红楼宴"山庄酒店厨师长、中华人民共和国铁道部"风景洲"会议中心厨师长、北京市宣武区人民政府餐饮部厨师长、北京市宣武区人民法院餐饮部经理兼厨师长。擅长官府菜制作。代表作品有：牡丹虾球、红花鱼肚、虫草花炖辽参等。曾获得北京首届国际营养美食烹饪大赛金奖、中国药膳第六届养生技术制作烹饪大赛个人全能奖、餐饮行业职业技能竞赛决赛特金奖、中国餐饮30年杰出人物奖、全国餐饮业高技能人才奖等。传徒有丁小旭、王平书、祝强等。

李杏江

李杏江，1975年2月7日出生，河北人。烹饪技师。

1994年在肃宁县机关事务保障中心参加工作，先后任职于河南濮阳贵合餐饮管理公司、北京甜鸭梨餐饮管理公司、北京西三旗生态园等地，担任厨师长；现任河北肃宁华阳大酒店厨师长、行政总厨。国际饮食养生研究会理事。师承张文彦先生学习企业管理。擅长鲁菜制作。代表作品：金牌大鲅鱼、特色风干鸡。曾荣获沧州市第二届烹饪大赛金奖、第四届狮城先锋联盟菜品交流会第一名。传徒有于占勋、李刚、李兴兴、王腾博。

王玉青

王玉青，1975年2月19日出生，山西人。高级技师。

1994年在北京月亮河度假酒店参加工作，曾担任大宅门行政总厨、罗莱夏朵酒店行政总厨、北京健壹公馆厨师长、壹炖饭品牌出品顾问、大宅门昌平店行政总厨。师承甄建军先生学习厨艺。代表作品有：九转大肠、糟熘三白、芙蓉鸡片等。传徒有陈洋、胡艳青、常明亮、吴资源。

赵防沈

赵防沈，1975年2月27日，河南人。烹饪技师。

1990年7月4日在河南内黄县梁庄镇供销社二食堂学习豫菜，先后担任北京皇苑大酒店主厨、武警总部后勤部运输招待所厨师长、武警森林指挥部农副业生产基地行政总厨。2015年至今经营北京万德兄弟餐饮有限责任公司，负责3家万德私家火锅。师承张文海先生学习厨艺。代表作品有：万德驴头宴、奶汤鱼翅。曾获第二届中华美食养生烹饪技术交流大赛金奖，2006年美国阿拉斯加海产中西合璧大赛银奖、最佳创意奖，荣获2006年首届满汉全席名师大赛名师金杯奖、团体金奖，荣获2018年安国药王邳彤杯全驴宴特金奖。传徒王石虎。

张铁柱

张铁柱，1975年3月20日出生，河北人。高级技师。

2005年在北京丽都饭店参加工作，先后任一品香山会所炒锅主管、北京昊天假日酒店厨师长、山西大同魏都大酒店厨师长、礼信年年餐饮管理有限公司厨师长。师承王少刚先生学习厨艺。擅长粤菜制作。代表作品有：蜜汁焗猪排、酱烧牛小排。曾获得2011年韶山素食大赛特金奖、2019年华邦兄弟杯大赛特金奖。

王中华

王中华，1975年3月28日出生，吉林人。高级技师。

1996年于中国运载火箭技术研究院长征宾馆参加工作，曾先后任中华人民共和国国家财政部监察招待所主厨，北京钱京餐饮有限公司总厨、中国人民解放军北京军区第二招待所总厨、中关村科技大厦总厨；现任中国科学技术协会餐厅宴会厅行政总厨。师承周锦先生学习厨艺。擅长宫廷菜制作。代表作品有：黄焖鱼翅、抓炒鱼片、佛跳墙、八宝葫芦鸭。曾获第五届"长城杯"国际美食养生大赛金奖、北京市丰台区餐饮住宿服务行业协会"匠之魂"荣誉勋章。传徒有刘刚、赵文启。

宋慧伶

宋慧伶，1975年4月3日出生，山西人。高级技师。

1993年在北京炎黄艺术馆美膳堂参加工作，曾担任炎黄艺术馆美膳堂面点厨师、汉威大酒吧西餐厨师、京都信苑饭店面点主管、电谷国际酒店面点厨师长；2014年至今，在贵都大酒店任面点主管。师承康富友先生学习厨艺。代表作品有：雨花石汤圆、黄桥烧饼、象形柿子果、天鹅酥、象形苹果。

李杨

李杨，1975年4月27日出生，北京人。高级技师。

1994年在鞍钢北京玉蜓宾馆学徒，先后担任部队师直机关食堂主管，俄罗斯圣波得堡华人酒楼副厨师长，同顺居饭庄主厨、厨师长；2013年至今，在北京三合源汇餐饮管理有限公司任厨师长、行政总厨、人力资源部经理。师承张铁元先生学习厨艺。擅长鲁菜、京菜制作。代表作品有：蜜汁龙眼、玉兔龙须。曾在服没期间荣获优秀士兵称号，并获得三等功嘉奖；曾获得第十五届国际养生大赛金奖，被中国饭店协会授予"中国烹饪大师"称号。曾参与《实用烹调技法》《新编四季养生菜谱》《龙点·龙菜·龙宴》等书籍的菜品制作和文字编写。

金友华

金友华，1975年5月19日出生，江西人。高级技师。

1993年在滨江宾馆参加工作，任厨师，曾在江西省驻京办事处赣人之家任行政总厨；2013年创办北京映庐餐饮管理有限公司，现有6家门店；2016年涉足制造业，发明全自动瓦罐煨汤炉并申请国家专利。师承管晓宁先生学习厨艺。擅长赣菜制作。代表作品有：江西瓦罐煨汤、永新牛脚、莲花血鸭、脱骨凤爪。曾在2007年青岛第17届萝卜节雕刻艺术大赛获得金奖；在2008年第一届阿拉斯加海产比赛中获得银牌。传徒有胡雪龙、饶明隆、赵晓峰、李阳。

吴贤飞

吴贤飞，1975年6月6日，安徽人。高级技师。

1997年在合肥绿色餐厅参加工作，先后任合肥绿色餐厅配菜、合肥蜀王酒楼进行尾锅炒菜、合肥圆中圆酒店主厨、合肥夏威夷大酒店副厨师长；2001年至今任北京紫云轩餐厅行政总厨兼出品总监。师承曹尹飞先生学习厨艺。擅长徽菜制作。代表作品有：臭鳜鱼、吴山贡鹅、糯米肉圆子配意大利黑醋汁等。紫云轩餐厅在知名美食家网站公布的"亚洲101家最佳餐厅"排行榜中获得排名第三的好成绩。曾获得建国70周年中国餐饮创新成果烹饪大赛金奖、味道中国鼎厨大赛优秀作品奖、中国餐饮奥斯卡厨神金像奖。传徒有杨春风、张凯程、梁丽等。

陈召民

陈召民，1975年6月25日，山东人。高级技师。

　　1995年在威海净雅大酒店参加工作，先后从事打荷、产品研发工作。2016年至今，在北京泰合鲜餐饮公司担任总厨、研发总监。师承屈浩先生学习厨艺。擅长鲁菜制作。代表作品有：酱焖渤海湾大带鱼、驴胶滋补黑蒜汤、葱烧海参、油焖大虾等。所研发的"驴胶滋补黑蒜汤"获得国家发明专利，曾获得2017年"阿具"杯创新烹饪大师赛特金奖、全国首届大国工匠创意大赛金奖、中国国际美食青年技艺精英人才奖。传徒有陆卫民、丁磊、潘鹏。

吕涛

吕涛，1975年7月9日，北京人。烹饪技师。

1992年在八达岭外宾餐厅参加工作，先后在中央电视台食堂、中银酒店工作。2003年至今任职于北京夏都屿江南餐饮有限公司。师承李小红先生、魏金亭先生学习厨艺。代表作品有：开水白菜、蟹粉狮子头、冰镇咕噜肉等。

罗秋峰

罗秋峰，1975年8月23日出生，陕西人。中式烹调特级技师。

1994年在北京市东城区居德林餐厅参加工作，先后任北京天奇宾馆炒锅、北京日月楼酒楼厨师长、北京金利源酒楼厨师长；2007年3月至今，任北京老城京味斋厨师长、小西天店店长、运营总监、行政总厨。师承郑秀生先生学习厨艺，擅长京菜、鲁菜、淮扬菜制作。代表作品有：糟汁肉、爆鳝片、蟹粉狮子头。曾获得第二十三届全国烘焙技能赛银奖。传徒有刘雨、刘辉、张坤、任兴美、宋浩飞等。

李贵明

李贵明，1975年9月10日出生，四川人。高级烹调技师。

1992年在深圳春园酒楼开始学习厨艺。先后在深圳华富酒店任厨师、北京中国棋院餐厅任厨师长、国家机关事务管理局餐厅任厨师长、北京香山饭庄任厨师长、北京金谷酒店任厨师长、北京聚齐山庄任厨师长。1997年至今，成立扬州李氏餐饮管理有限公司并任董事长，经营李氏私房菜及特色火锅，现自主经营十余家餐厅。师承张文彦先生学习企业管理。代表作品有：李氏传家鱼、李氏传家一品鲜等。曾获得第十三届国际美食养生大赛（吉萨杯）金奖、第十四届国际美食养生大赛（塞纳杯）金奖、第十五届国际美食养生大赛（好望角杯）金奖。传徒有潘李、黄国胜、黄光磊、宋福英等。

张广辉

张广辉，1975年11月24日出生，河北人。高级技师。

1992年在北京神龙酒楼学徒，曾担任北京神龙酒楼厨师长；先后就职于华汇金润酒店、北京金正阳酒楼等地；2007年至今担任北京四季民福餐饮管理有限公司厨师长、总经理。师承姜中学先生、明汝江先生学习厨艺。擅长鲁菜制作。代表作品有：葱烧海参、干炸丸子。

胡贺峰

胡贺峰，1975年11月25日出生，河北人。烹饪技师。本科学历。

1993年在中国石油报社参加工作，曾在《中国食品》《名厨杂志》《天下美食》等多家杂志发表论文，曾作为特约药膳嘉宾，参与《养生堂》节目录制。2018年在《中国中医药报》发表文章"药膳发展要坚持'精''诚'"并被光明网、搜狐网、信用中国网等多家媒体转载。师承焦明耀先生学习厨艺。代表作品：养元千岁参、栀子豉鱼方、银花甘露、六味牛肉脯、黄精杞子鸡。中国药膳研究会产品开发专业委员会主任，曾在2005年获第五届全国烹饪大赛中获金奖，2010年12月被授予对药膳事业的突出贡献"最佳组织个人奖"。主编《饮膳正要》《山家清供》，参与编辑《中华药材养生全书》。

张新华

张新华，1976年2月5日出生，北京人。烹饪技师。

1995年在南京丁香宾馆参加工作，先后在南京楼外楼山庄任厨师、东风饭庄任厨师长；2000年10月至今，在北京朝林集团先后担任厨师长、董事长，现任北京朝林集团菜品研发部主管、餐饮技术总监、物资监察员、集团餐饮总监。擅长官府菜、淮扬菜、融合菜、素宴的制作。代表作品有：坛圣、坛生（达观宴）。曾获得中国烹饪大师、河豚烹饪大师称号。

康连海

康连海，1976年2月14日出生，河北人。高级技师。

1998年在北京九品餐饮管理有限公司参加工作，曾担任北京奥林匹克公园消夏广场总经理、北京九品羊汤董事长兼总经理；现任北京九品餐饮管理有限公司董事长、北京上品锅餐饮管理有限公司资深技术顾问、米非线（海南）供应链管理有限公司资深技术顾问。师承王乐清先生学习厨艺。擅长滇菜制作。代表作品有：老昆明羊汤锅、白油鸡枞、黑三剁、火把虾。曾荣获第八届中国药膳大赛个人全能金奖、"首都烹饪艺术名师"称号。传徒有王萌涛、武耀伟、王星。

王玉旗

王玉旗，1976年3月5日出生，安徽人。烹饪技师。

1995年在北京鸿运红灯笼餐饮中心参加工作，先后在亳州市古井大酒店学徒、亳州道源人家任凉菜主管、涡阳县双轮集团餐饮部厨师、北京市聚福居餐饮管理有限公司厨师、北京市空港花园酒店厨师长、北京市通州百叶居厨师长、北京局气餐饮管理公司行政总厨。师承王春立先生学习厨艺。曾荣获第七届"客家杯"国际美食养生大赛金奖、天津市中美厨艺大赛金奖、2018年全国御膳邀请赛金奖。代表作品有：金瓜养生小排、芙蓉百合虾、御膳一品赛螃蟹。传徒有朱晓帅、王建召、任佳辉、郑显。

王焱

王焱，1976年3月8日出生，天津人。烹饪技师。

1992年在丹东鸭绿江大厦学徒，先后任沈阳辽宁宾馆厨师、丹东温泉宾馆厨师长、丹东潮江春酒楼厨师长、丹东樱花宾馆厨师长、丹东国宾酒店行政总厨、阿里水乡行政总厨；2014年至今担任北京渔娘餐饮服务有限公司餐饮总监。师承高占军先生学习厨艺。擅长粤菜、宫廷菜制作。代表作品有：松茸土豆丝、鲍鱼扣辽参、清汤鸡豆花。曾在丹东餐饮协会组织的烹饪大赛中荣获金奖，在辽宁省行业协会组织的大赛中荣获金奖。传徒有江平、栾建春。

韩正泽

韩正泽，1976年5月28日出生，内蒙古人。高级技师。

1994年在北京大路春饭店参加工作，曾就职于北京大路春饭店、内蒙古赤峰阜昌宾馆、农业部机关餐厅、赤峰烹饪学校；2013年至今担任赤峰大唐餐饮公司董事长。师承韩文先生学习厨艺。擅长粤菜、蒙餐制作。代表作品有：汤洛绣丸、元鱼两吃、雪菜扣肉夹饼、赤峰对夹。曾获得第十二届全国厨师节金厨奖、第四届全国烹饪大赛金奖、第九届国际美食养生大赛"南洋杯"个人金奖。被《华夏美食》评为中国最具发展潜力青年名厨。现任《中华美食药膳》编委，《赤峰蒙餐》撰写人。传徒有刘海龙、王林志、马建军。

罗战辉

罗战辉，1976年6月14日出生，陕西人。高级烹饪技师。

1997年3月在北京雁荡酒家参加工作，先后任职于北京阿美酒家、北京亦海情酒楼，担任厨师长、店长；2006年12月至今在北京老城京味斋任研发总监、营运总监、总经理。师承甄建军先生学习厨艺，擅长京菜、鲁菜制作。代表作品有：干炸丸子、酱爆肉丁、油爆双脆、醋熘海参。曾获得第二十三届全国焙烤职业技能竞赛北京赛区选拔赛银奖。传徒有张西安、隋成、李科、王国峰。

王一迪

王一迪，1976年7月3日出生，北京人。高级技师。

1995年12月入伍。1999年起先后创办王集福酱肉、王集福卤煮拉面、百宝宴、王集福鸽子酱肉、丰吉福鸽子酱肉等品牌。师承白常继先生学习厨艺。擅长淮扬菜制作。代表作品有：京派酱猪蹄肘子、京肚包鸡、酱鸽子。2008年荣获北京市文化和旅游局北京小吃酱肉类一等奖，2011年获荣大众点评酱肉类北京地区第二名，2020年荣获抖音美食节北京小吃类第二名。曾参与《随园食单三字经》编写工作。传徒有刘教平、魏建英、胡涛。

毕九彪

毕九彪，1976年7月7日出生，安徽人。中式烹调师，高级工。

1994年在黄山市屯溪惠尔康酒店参加工作，曾就职于黄山市天竺茶楼、黄山市黄山区地平线大酒店、黄山市黟县奇墅湖大酒店，在徽商故里集团朝阳门店任厨师长、行政总厨；2020年至今任北京徽商故里集团贡街店厨务部行政总厨。代表作品有：徽商臭鳜鱼、土鸡汤。曾在2020年当选北京市劳动模范，2021年被评为北京餐饮十大工匠。

胡士

胡士，1976年7月8日出生，安徽人。高级技师。

1992年进入灵璧县粮贸大酒楼学习徽菜，曾担任北京太阳酒家凉菜主管、航空航天工业部培训中心厨师长、安徽省宿州市御花园大酒店厨师长。1998年至今，创建经营灵璧县古月饮食服务有限公司，担任董事长。师承邵红卫先生学习厨艺。擅长淮扬菜制作。代表作品有：脆奶凤还巢、一品烧鳝段、徽式烧鸡公等。曾被评为中国徽菜烹饪大师、安徽省安徽菜省级评委；曾获得2016年安徽省徽菜技术交流赛特金奖。传徒有吴杰、朱磊等。

聂红波

聂红波，1976年7月23日出生，四川人。高级技师。

1993年在北京花都餐厅参加工作。1994年至1997年在民族饭店富城火锅海鲜酒家工作，1997年至2001年在桂鑫园酒楼工作，2001年至2002年在金帝雅宾馆工作，2002年至今在民族饭店工作。师承荣学志学习厨艺。擅长粤菜、川菜、鲁菜制作。代表作品有烤乳猪、烧鹅、捞拌。2006年10月获中国超级厨师个人金奖，2007年参加国际饮食养生研究会在山西举办的柳林杯烹饪养生交流大赛。曾参与编写《北京人最爱吃的菜》《龙菜·龙点·龙宴》书籍。传徒有张晓鹏、吴清华。

隋坡

隋坡，1976年7月28日出生，北京人。高级技师。

1993年在北京惠源酒家参加工作，先后任首旅建国唯实酒店行政总厨、文安鲁能希尔顿酒店中餐行政总厨、洲际集团临空假日酒店中餐行政总厨、洲际悠唐皇冠假日酒店中餐行政总厨、北京空军后勤部酒店行政总厨。师承郑秀生先生学习厨艺。擅长淮扬菜制作。代表作品有：清炖蟹粉狮子头、翡翠虾球、拆烩鲢鱼头。曾在2010年荣获中华金厨奖。传徒有邓建波、丁志鹏。

赵胜武

赵胜武，1976年8月20日出生，安徽人。高级技师。

1995年在雅悦酒店参加工作，先后任北京西子湖畔大酒店厨师主管、鸿运大酒店厨师长、北京市人力资源和社会保障局宴会总厨；2011年至今，任北京礼信年年餐饮管理有限公司高级厨师长。师承邹定存先生学习厨艺。擅长鲁菜、淮扬菜制作。代表作品有：葱烧海参、九转大肠、油焖大虾、蟹粉狮子头。传徒有井文朝、李建新、马云强、刘勇军。

吴业文

吴业文，1976年9月2日出生，湖南人。

2001年在中央电视台农业频道参加工作，曾任中央电视台农业频道编辑记者。2013年创立簋街老涂龙虾馆，其岳父老涂是最早把小龙虾带到北京的人，开创了一种食材带火一条街的先例，麻辣小龙虾随之风靡整个北京城。为了传承美味，他带领团队经过几千次反复试验，创制出"十三香小龙虾""蒜蓉小龙虾"和"花雕熟醉小龙虾"等产品，受到了广大消费者的喜爱。师承张文彦先生学习企业管理。2015年中央7套"致富经"栏目报道"老涂龙虾馆的老涂，如何赚小龙虾的钱"，2018年中央2套财经频道报道簋街老涂龙虾馆；2019年获腾讯微视龙虾节点赞互动排行榜银奖；人民网韩文版曾多次报道簋街老涂龙虾馆。

曾海波

曾海波，1976年9月6日出生，重庆人。中式烹调高级技师。

1995年在三味缘牛蛙火锅参加工作，先后在北京燕山大酒店、北京奥运大厦、中信国安大酒店工作；2015年2月至今，在北京锦江都城酒店工作。师承张铁元先生学习厨艺。代表作品有：油爆肚仁、海参烧裙边、珍珠鲍鱼、香辣火锅牛蛙。曾获得2019年中国火锅协会炒料大师奖。曾参与《实用烹饪技法》《新编四季养生菜谱》等书籍的菜品制作和文字编写工作。

王东磊

王东磊，1976年9月17日出生，山东人。高级技师。

1994年在北京川海餐饮管理有限公司参加工作，先后就职于周村豆花饭店、海军第四招待所、京燕饭店、金领怡家餐饮管理有限公司。师承丁海涛先生学习厨艺。代表作品有：葱香焗卤肉、汽锅鸡、酱汁瓦块鱼、青柠鲜虾球。曾荣获济宁兖矿厨艺技能竞赛金奖、2012年联合利华第七届全国烹饪技能竞赛螃蟹创意赛金奖、2018年青岛海鲜节获厨艺大赛创新奖。传徒有涂建勇、赵永利、刘杰、王顺英。

郭迎红

郭迎红，1976年10月7日出生，云南人。烹饪技师。

1998年在北京钱柜参加工作，先后担任钱柜总店厨师长、聚农香酒楼厨师长；2018~2000年在景和私人会所担任主厨；2019年至今在北京华阳金港餐饮管理有限公司担任厨师长。师承王根章先生。代表作品有：抓炒鱼片、葱烧海参、佛跳墙、黄焖鱼翅。2011年参加北京烹饪大赛获得季军奖，2012年在养生美食大赛中获得团体第一及个人金奖，2015年在宫廷御膳厨艺大赛获得亚军奖，2018年在北京烹饪私厨大赛中获得一等奖。传徒有韩双、孙海通、李兴民、王小波、赵坤。

史海鹏

史海鹏，1976年11月6日出生，北京人。烹饪技师。

1993年在北京电力建设总公司参加工作，曾就职于北京都吉祥小吃。2003年至今在北京昊霖餐饮有限服务公司就职。2003年创办小汤山李记烧饼店，经营烧饼夹肉、秘制卤肉，卤肉配以28种优选调料历经6小时炖煮，松脆酥软的麻酱烧饼夹入秘制肘子、猪头肉、驴肉、牛肉等，回味无穷。师承白常继先生学习厨艺。代表作品有：上海酱鸭、响油鳝糊、葱烧海参、宫保脆皮虾。

刘飞

刘飞，1976 年 11 月 19 日出生，安徽人。高级烹调技师。

1993 年 7 月在老北京四合院两岸一家参加工作，先后在北京瑞龙苑宾馆任厨师、中国职工之家任餐饮部主管、北京京城百味会所任厨师长、北京新东方烹饪学校任高级讲师；2009 年至今，在北京篁街两岸一家任行政总厨。师承涂燕申先生学习厨艺。代表作品有：金鼠闹春、老酒罐焖四宝、乌龙吐珠。曾获得首都饮食营养协会技能大赛金奖；中国厨师行业美食交流大赛十佳白金行政总厨称号；全国青年名厨精英大赛"金奖"；江苏盱眙虾节与北京篁街交流比赛金奖；第四届新东方杯比赛团体宴席特金奖。曾在《东方美食》《四川美食》杂志分别发表过作品和文章。传徒有贾楠楠、王驰、李龙。

万利军

万利军，1976年11月24日出生，湖北人。高级烹调技师。

1993年在钓鱼台国宾馆参加工作，先后任钓鱼台国宾馆厨师、大森林酒店热菜主管、便宜坊（前门店）热菜主管、独一处（方庄店）副厨师长、全聚德（西三旗店）厨师长、峨嵋酒家（西红门店）厨师长。师承孙立新先生学习厨艺。擅长川菜、鲁菜制作。曾获得2011年世界烹饪艺术巡回赛金奖。代表作品有：宫保鸡丁、葱烧海参。传徒王泽瑞。

张帅峰

张帅峰，1976 年 12 月 5 日出生，河北人。高级烹调技师。

1995 年在北京鸭哥鸭嫂餐饮管理有限公司参加工作，先后任鸭王烤鸭店主管、北京新世纪青年餐饮管理有限公司总厨兼公司烤鸭团队技术培训及出品督导；2020 年至今，任北京鸭哥鸭嫂餐饮管理有限公司总经理。师承鸭王师门创始人刘恩来先生。代表作品有：北京烤鸭。曾于2019 年任中国烹饪协会烤鸭技术委员会常务副主席，曾获得 2017 年大中华区蓝带美食荣誉勋章、中国饭店协会烹饪大师称号；"新型环保烤鸭炉"开创者。传徒有沈洪亮、樊冬来。

贾抗忠

贾抗忠，1976 年 12 月 11 日出生，安徽人。高级技师。

1994 年在济南可耐大酒店老地方酒楼学厨。曾担任北京天泽缘北平聚福居餐饮公司厨师、厨师长，北京国玉大酒店厨师，北京福泰宫餐饮管理公司厨师长，北京瑞安宾馆厨师长、行政总厨。现任中信证券公司总部餐饮出品总监。师承屈浩先生学习厨艺。擅长鲁菜、淮扬菜制作。代表作品有：菜蕻海参竹笙汤、马兰斋荠雪肚羹、蟹肉官燕乳酪。曾获第四届东方美食总决赛中国百强超厨称号，味道 2009 青年名厨大奖赛金奖、团体赛特金奖，第七届全国技能竞赛中餐热菜铜奖，中国厨师烹饪技艺大比武总决赛刀工技术、冷菜拼摆优胜奖。传徒有陈岩、周敬贤、祝汉涛等。

王增启

王增启，1976年12月13日出生，北京人。烹饪技师。

1997年在西藏大厦参加工作，先后任西藏大厦凉菜主管，历史博物馆仿膳凉菜主管，梧桐俱乐部厨师长，润时尚餐厅行政总厨、总经理，锦江富园大酒店行政总厨；2017年至今任汉风唐韵行政总厨、总经理。师承白常继先生学习厨艺。擅长淮扬菜制作。代表作品有：上海酱鸭、蟹粉狮子头、大煮干丝、水晶肴肉。

张德雄

张德雄，1976年12月17日出生，四川人。高级技师。

1997年在全聚德烤鸭店参加工作，先后就职于全聚德烤鸭店、金百万烤鸭店、大鸭梨烤鸭店、天禧九号、五爷家烤鸭店、龙场驿湘悦。师承张占杰先生学习厨艺。代表作品有：北京烤鸭。曾于2015年被任命为中华厨皇协会中餐专业委员会委员。

马润虎

马润虎，1977年1月20日出生，陕西人。高级技师。

1999年在北京京西晨光饭店参加工作，曾先后任职于北京市至味楼餐饮有限管理、北京香园酒家等单位，担任厨师长；2020年至今，在北京老碗盛美食餐饮有限公司担任行政总厨。代表作品有：珍珠鲍鱼、糟熘鱼片、黄焖黄河大鲤鱼。曾获中国烹饪大师称号和陕西十大名厨称号。曾参与CCTV2消费主张栏目的菜品制作和拍摄。传徒有张凯。

司永新

司永新，1977年2月19日出生，山东人。烹饪技师。

1995年在北京中航大厦参加工作，先后任中航大厦厨师、首都航天机械公司职工食堂厨师长；2018年至今，任首都航天机械公司怀柔厂区餐厅管理员兼厨师长。师承陈春平先生学习厨艺。擅长淮扬菜制作。代表作品有：白扒鱼肚、响油鳝糊、松鼠鳜鱼。曾三次作为实验队员前往酒泉卫星发射基地担任厨师，为参试的科研人员提供餐饮安全保障服务，还为在基地视察的领导提供餐食服务；曾获第一届国际"爱心杯"厨师争霸赛金牌。传徒有任健蒙、司龙飞。

张海港

张海港，1977年3月1日出生，山东人。烹饪技师。

1995年在北京全聚德宽街店学徒，先后在都王烤鸭店、大宅门、京尊烤鸭店担任厨师；曾担任北京市东兴楼通州店厨师长、北京市万达文华酒店曲宴中餐厅行政总厨、北京市四季民福烤鸭店产品研发经理；2020年7月至今，任北京市紫光园公司厨政部行政副总厨。师承崔玉芬先生学习厨艺。擅长京菜、鲁菜制作。代表作品有：海参烩乌鱼蛋汤、迁西板栗烧走地鸡、石锅海参、草莓沙丹虾。曾获得"味道2009"青年名厨烹饪大赛热菜金奖，第四届中华美食养生烹饪交流赛（韶山杯）热菜金奖。

马党辉

马党辉，1977年3月3日出生，陕西人。高级技师。

1993年在北京御锦苑满汉席传承发展中心参加工作，担任出品总监，先后在信鸿宾馆任厨师、新屿酒店任厨师长、宝龙国际酒店任厨师长、如意商务酒店任总厨、慈孝宫酒店任厨师长；2020年至今，在御锦苑任出品总监。师承周锦先生学习厨艺。擅长宫廷菜制作。代表作品有：八珍佛跳墙、绍子辽参、鸽吞天九翅、蟹黄裙边。曾在2004年全国园丁园杯药膳大赛获得个人金奖、2005年第五届烹饪大赛获得个人金奖、第七届国际美食养生大赛"客家杯"荣获金奖。传徒有郭金旺、武春风。

虞治坤

虞治坤，1977年3月28日出生，北京人。特级技师。

1993在北京燕莎中心凯宾斯基饭店参加工作并任中餐厨师，先后任北京梅地亚中心中餐领班、中华人民共和国国家邮政局宴会厨师长、阿塞拜疆新月海滩酒店中餐厨师长、阿塞拜疆君悦酒店行政副总厨、阿塞拜疆中国香港餐厅行政总厨、歌诗达邮轮船务中餐厨师长、复星集团Club Med大中华区中餐行政总厨、悉尼喜来登公园酒店中餐总厨、美的集团中餐行政总厨、雀巢集团总部亚洲区中餐研发厨务专家。曾兼任第19届杭州亚运会厨政总监，曾获得食物烤制方法和食物烤制器发明专利，2021年度第三届全国团餐大赛特金奖。

郑玉国

郑玉国，1977年4月17日出生，山西人。高级技师。

1993年在农业部机关服务局餐饮处参加工作，先后任农业农村部机关服务局餐饮处行政总厨、北京龙洋美食开发有限公司总经理、兴和伟业餐饮管理有限公司技术总监。师承杜广贝先生学习厨艺。曾荣获中国烹饪大师、京味养生菜传承人等称号；曾担任名厨走边防授课讲师；曾获得第七届"大通阿胶杯"中国药膳养生菜大赛金奖、第六届全国烹饪大赛金奖、"小来大杯"团餐大赛金奖、"中裕杯"团餐大赛金奖。

李志春

李志春，1977年5月6日出生，山西人。高级技师。

1996年在北京南岛渔村海鲜酒楼参加工作，跟随中国香港名厨汪家驹师傅学徒。先后在朝阳区君王府旗下欧陆风韵广场任厨师、主管，北京世豪国际酒店任鲍翅厅厨师长，北京建华南路乔家大院任总厨。2018年9月至今，创办北京味道码头餐饮有限公司、来喔欢乐餐饮管理有限公司。师承张铁元先生学习厨艺。擅长京菜、鲁菜、粤菜制作。代表作品有：乾隆生菜包、红焖南非鲍、咖喱大虾。曾获得满汉全席烹饪大赛金奖、全国首届鲍鱼大赛金奖、虹鳟鱼烹饪大赛金奖。曾参与《实用烹调技法》《新编四季养生菜谱》等书籍的菜品制作和文字编写。

王勇

王勇，1977年5月9日生人，四川人。高级技师。

1995年在四川省驻京办事处参加工作。先后在空军招待所大雅宝饭店、新华保险大厦、京瑞大厦、好世界海鲜大酒楼、绿色时代大酒店、大鸭梨集团等单位任技术总监、行政总厨等职务。现任四川省驻京办事处龙爪树宾馆行政总厨。师承赵春源先生学习厨艺。代表作品有：鸡豆花、开水白菜、麻婆豆腐。曾获得国家级考评员、高级食雕冷拼师称号；曾获国际食神争霸赛金奖。传徒有汪清富、孟凯、龙顺江。

崔江胜

崔江胜，1977年5月26日出生，北京人。烹饪技师。

1996年在北京民族饭店参加工作。先后在永兴花园酒店任主管、东交民巷饭店任厨师长、太阳岛宾馆任厨师长、福成国际大酒店任厨师长、锦江集团安全中心任厨师长；现任北京大学会议中心厨师长。师承郭亚东先生、王燕华先生学习厨艺。擅长西餐制作。代表作品有：美式烤肋排、秘制雪花牛、富贵银鳕鱼。曾获得第十五届国际美食养生大赛（好望角杯）团体金奖、个人金奖，2019年度中华美食养生十大风云人物，2021年北京市商业服务技能大赛西餐烹饪第一名，2021年北京市商业服务技能大赛中餐烹饪银奖。曾在《中国烹饪》杂志发表代表菜品。

丁福君

丁福君，1977年6月10日出生，黑龙江人。高级技师。

1995年在呼兰城乡规划设计院参加工作。1997年3月至今在黑龙江省人民政府驻北京办事处工作。师承赵春源先生学习厨艺。擅长龙江菜制作。代表作品有：锅包肉。中国药膳名师、全国饭店业国家级评委、黑龙江省餐饮烹饪行业协会副会长；曾获得第29届中国厨师节金厨奖、第五届中国药膳养生技术制作技艺大赛个人项目特金奖、2019中国美食烹饪锦标赛特金奖、2018年黑龙江省烹饪协会"十佳经理人"。曾在《中国烹饪》《百年龙江菜》杂志发表作品。传徒李昌奕。

孙 鹏

孙鹏，1977年7月2日出生，北京人。烹饪技师。

1996年于京丰宾馆学习厨艺。曾任新大都饭店、晓星餐饮广场厨师，北京燕顺楼饭庄行政总厨；2019年至今，在四季悦庭私家菜担任经理。师承姜一猛先生学习厨艺。擅长鲁菜制作。代表作品有：一品鲍鱼、金汤鱼肚。曾获得京丰宾馆厨师技术比赛热菜第一名，新大都饭店技术大比武热菜第一名。多次在《中国烹饪》《中国食品》《东方美食》等杂志发表作品。传徒有张伟、曾超。

杨清

杨清，1977年7月16日出生，辽宁人。高级技师。

1996年在天津市和平大厦参加工作，后在北京钓鱼台国宾馆学习，先后就职于本溪市假日酒店、丹东海霸王海鲜酒店、丹东雷迪森商务酒店、本溪潮州城酒店，担任行政总厨；2011年后创办梧桐火锅店、祖辈关东菜、船娘鱼水饺、安东注事、蓉小厨等品牌。师承郑秀生先生学习厨艺。代表作品有：松茸土豆丝、百年蒸肉、松茸鲍鱼锅。曾在2002年获得北京东方美食烹饪大赛银奖，2007年获得青岛烹饪大赛十大烹饪名厨金奖，2017年参与CCTV2味道栏目节目录制。传徒有杨乃臣、吴利新、张桥。

丁培义

丁培义，1977年7月20日出生，河南人。中式面点高级技师。

1999年在北京平谷温泉宾馆参加工作。曾任职于北京平谷温泉宾馆、北京市鸿翔大厦、北京市天龙源温泉度假村、北京市金钱豹餐饮有限公司，担任面点主厨；曾任俄罗斯圣波浔堡你好餐饮公司行政总厨；2020年至今，任河南东奔西串餐饮公司任技术总监。师承王素明先生学习厨艺。代表作品有：水晶虾饺、象形天鹅酥。曾担任俄罗斯圣波浔堡中俄美食技术交流会中国评委，其团队连续四年获得金牌。

石俊峰

石俊峰，1977年8月5日出生，吉林人。烹饪技师。

1993年在吉林省白城市华翔大酒店做学徒，先后任吉林省白城市鹤原宾馆砧板主管、内蒙古通辽市香港之星酒店厨师长、山东潍坊市盛荣大酒店厨师长、山东济南市国土资源培训中心厨师长、山东曲阜孔府西苑厨师长、山东泰安东尊华美达酒店中餐厨师长；2016年至今任北京章丘海泰食府国贸桥店厨师长。师承李晓静先生学习厨艺。擅长宫廷寿宴制作。代表作品有：牛气冲天、酒闷菌皇素腰花、翡翠牛肉。曾获得2014年泰安美食节大赛金奖、2016年天津中美御厨大赛金奖、2010年北京海淀区中关村美食大赛二等奖。传徒有张深深、柳超、葛鑫晖。

邹华

邹华，1977年8月20日出生，山东人。高级技师。

1998年在山东省济南市民政学校参加工作。先后在北京市顺义区裕龙花园大酒店任厨师，北京金白领酒楼任厨师、厨师长，北京特警学院宴会厅任厨师长兼项目经理。2010年至今，在礼信年年餐饮管理有限公司任高级厨师长兼项目经理。师承门健忠先生、曹海民先生学习厨艺。代表作品有：葱烧海参、蟹粉狮子头、大煮干丝。曾获得中国首届"滨州中裕杯"第一届大锅菜比赛团体金奖、个人金奖，2018年度礼信年年餐饮管理有限公司技术比赛第一名，高级公共营养师，中国烹饪大师，曾参与中央电视台"大锅菜的前生今世"节目录制。传徒有赵二虎、赵冬冬、任军航。

邵传金

邵传金，1977年8月27日出生，河北人。高级技师。

1994年在北京金海湾酒楼学徒。曾任河北廊坊开发区中日友好会馆厨师、北京景岚春厨师、北京来福源酒店粤菜主管、北京北理工延园餐厅中厨主管、北京石景山太阳岛宾馆中厨主管、北京田华酒楼行政总厨、北方工业大学国教酒楼行政总厨。现任川海餐饮管理有限公司项目经理。师承丁海涛先生学习厨艺。代表作品有：官府佛跳墙、清炒河虾仁。曾荣获中日韩厨皇争霸赛中国赛区团体金奖、北京市第八届商业服务业技能大赛中式烹调师竞赛项目铜奖、穆堂香杯创意大赛四钻金奖。传徒有：王伟、史宾阁、王东东、靳艳坤、李斌。

郭志强

郭志强，1977年9月22日出生，河北人。高级技师。

1995年在北京市公路局杜家坎收费所任炊事员，先后任首都公路发展集团有限公司安畅食堂班长、首都公路发展集团有限公司物流食堂班长，现任首都公路发展集团有限公司京开分公司食堂管理员。师承张铁元先生学习厨艺。代表作品有：筋骨鱼、京饼回锅肉。曾获得"首都烹饪艺术名师"称号，北京"工匠杯"烹饪职业技能大赛一等奖，山东济南"巧媳妇杯"首届全国名厨比赛流行菜品一等奖。传徒有邵建国、王福康。

曹玉柱

曹玉柱，1977 年 11 月 4 日出生，北京人。烹饪技师。

1994 年在北京天安门招待所学习烹饪技能，任主厨，曾在鑫鑫酒店、昆仑饭店任主厨；2004 年至今，在北京小汤山医院任厨师长。师承朱祥月先生学习厨艺。擅长鲁菜制作。代表作品有：罐焖牛肉、三丝鱼翅羹。曾撰写《厨师培训方案》论文。传徒有刘伟、聂亮。

刘勋

刘勋，1977年12月2日出生，贵州人。高级技师。

1994年在北京功德福餐饮有限公司参加工作，任厨师及店经理；2012年至今，创办北京龙岗酒楼并任总经理、董事长。师承屈浩先生学习厨艺。擅长鲁菜制作。代表作品有：兰花烧裙边、双色龙虾卷、葱烧海参、九转大肠等。曾在1999年全国第四届烹饪大赛获得金奖，北京迎奥运窗口行业职业技能竞赛获得金奖，首届营养美食烹饪大赛获得金奖。传徒陈培。

赵会连

赵会连，1977年12月22日出生，河北人。高级技师，中国烹饪大师。

1995年在天安门仿膳参加工作；2004年5月至今，在民族饭店工作。师承郭文彬先生学习厨艺。擅长宫廷、京式、苏式、广式面点制作。代表作品有：平安果、文玩核桃酥、柿子酥、象形白菜等。曾荣获国际烹饪艺术大师、北京市大工匠、首都劳动奖章、北京经济技术创新标兵等称号或奖项。曾获得第六届全国烹饪大赛面点金奖、北京市全聚德杯烹饪大赛面点甲组金奖、北京"古船杯"旅游饭店餐饮业面点大赛钻石奖。传徒有张春亮、张作东、杜君博、王传婷。

王伟

王伟，1978年1月5日出生，辽宁人。特一级技师。

1995年在北京五洲大酒店厨房实习，曾担任北京蟹岛度假村餐饮部前厅主管、北京太熟悉家常菜餐饮部经理。2011年至今，在北京礼信年年餐饮管理有限公司任运营总监。师承屈浩先生学习厨艺。擅长鲁菜制作。代表作品有：德州扒鸡、九转大肠、葱烧海参、糖醋鲤鱼。曾获得"团餐项目管理师"称号、第五届全国烹饪大赛金奖、北京烹饪技能大赛金奖、弘扬饮食文化特殊贡献奖。传徒有周广宇、刘杰。

张晓伟

张晓伟，1978年1月16日出生，山东人。高级技师。

1993年5月在淄博玫瑰大酒店厨房学徒，曾担任山东凤阳大酒店厨师、北京全易达餐饮公司厨师长、北京金丰餐饮公司区域经理。2014年5月至今，在北京健力源餐饮公司担任行政总厨。师承苏喜斌先生学习厨艺。代表作品有：蟹粉狮子头、松鼠鳜鱼、抓炒虾仁、九转大肠。曾荣获北京市办公厅管委会"服务之星"称号、北京市办公厅管委会"管理之星"称号，在2018年国家机关事务管理局后勤处举办的烹饪比赛中获得"工匠之星"称号。传徒有张小超、王红兵。

卢 怡

卢怡，1978年1月20日出生，内蒙古人。大专学历。

1996~2006年自营北京内蒙古呼伦贝尔大酒店、北京可欣快餐、北京大红门凯旋酒楼，担任董事长兼总经理。师承张文彦先生学习企业管理。2015年至今，创办"达叔"餐饮管理有限公司，担任董事长，旗下经营多家分店。擅长包子、烧烤、北京小吃等品种制作，深受食客及业内好评。曾荣获2019年南非好望角杯国际养生烹饪大赛金奖，2021年获北京餐饮风云人物称号。

王耀升

王耀升，1978年1月20日出生，甘肃人。高级技师。

1996年在中部战区空军保障部服没，先后在北京军区空军后勤部炊训队任面点教员、北京军区空军后勤部厨艺宾馆任面点厨师、空军后勤部财务部招待所担任热菜厨师；2015年至今，在中部战区空军保障部炊训队担任教员。师承周绍强先生学习厨艺。擅长淮扬菜制作。代表作品有：瑶柱酿海参、宫廷螺蛳肉、松露和牛、鱼香雪贝等。曾于2015年参加CCTV组织的"谁是终极英雄"活动并获得第二名。

王圣杰

王圣杰，1978年2月25日出生，河南人。高级技师。

1998年在河南金港大酒店宴会厨房参加工作，2001年在清华大学饮食服务中心参加工作，曾担任朝阳区华泰饭店团餐厨房配餐员，2001年至今担任清华大学饮食服务中心双清园经理。师承张奇先生学习厨艺。擅长鲁菜、粤菜、川菜制作。代表作品有：龙眼纸包鸡、芹仁炒龙须、京酱墨鱼花。曾多次获得清华大学饮食服务中心技能标兵、先进个人荣誉称号，曾荣获美国阿拉斯加海产"三文鱼"京津大赛个人最佳创意奖、中国超级厨师"金马杯"全国厨艺大赛特金奖、中国超级厨师"金鼎杯"厨王争霸赛特金奖。曾参与《北京人最爱吃的菜》《龙菜·龙点·龙宴》书籍的编写和菜品的制作。

叶近奎

叶近奎，1978年3月8日出生，山东人。高级技师。

1994年在北京八角饭店参加工作，曾就职于北京胜利玉林餐饮有限责任公司。师承史连勇先生学习厨艺。擅长鲁菜制作。代表作品有：葱烧海参。曾在2005年首届搜厨杯国际烹饪大赛中获得特金奖；在2011年沈阳厨师节活动中被中国饭店协会授予"中国名厨"称号。传徒吕强。

张小平

张小平，1978年3月12日出生，陕西人。高级技师。

1998年在北京蜀王火锅城学徒，曾担任北京溢达烤鸭店厨师、北京无名居炒锅、北京亚运村办事处厨师长、稻香湖酒家厨师长、芳草地国际学校厨师长，现任北京蜀渝餐饮公司行政总厨。师承杜广贝先生学习厨艺。擅长京味菜制作。代表作品有：蟹粉狮子头、糖醋鱼。曾获得2013年首钢实业杯第二届中国大锅菜团体一等奖，2015年中小学生营养餐大赛团体一等奖、个人优秀奖，2017年中小学生大锅菜大赛团队一等奖，2021年承担中国共产党成立100周年大型文艺演出餐饮服务保障工作，2022年承担北京冬奥会和冬残奥会北京水立方场馆餐饮服务保障工作。

杨尚秀

杨尚秀，1978年3月13日出生，山东人。高级面点师。

1994年在公安部干警招待所参加工作，学习面点，曾担任北京市顺义区城乡大酒店面点师、北京市朝阳区国门路大饭店面点师；2003年至今，在北京市西城区中国共产党中央委员会组织部担任厨师长。师承王素明先生学习厨艺。代表作品有：金鱼酥、傲子葫芦、千层榴莲酥、象形葫芦包等。曾荣获2016年第九届"怡卡"杯全国药膳大赛个人特金奖、2017年第四届"麦德龙"杯全国名厨邀请赛最具推广价值奖、2018年全国餐饮业十佳杰出金爵御厨奖。

王中亮

王中亮，1978 年 3 月 16 日出生，河南人。高技技师。

1997 年在郑州燕苑假日宾馆参加工作，曾担任郑州燕苑假日宾馆面点师、北京大北宾馆面点主管、河南众品有限公司面点主管、北京梅地亚中心面点主管、融金中财国际大酒店面点厨师长；2016 年至今，在中塔有限责任公司任面点主管。师承王志强先生学习厨艺。代表作品有：担担面、冬菜包子。曾荣获梅地亚中心 2011 年烹饪技能比赛二等奖、第二届全国青年名厨交流赛特色名小吃奖。传徒陈新文。

张靖

张靖，1978年4月17日出生，江苏人。高级技师。

1992年在杭州开元之江度假村参加工作，曾担任涂州阳光大酒店厨师、上海松江开元名都大酒店中厨主管、北京开元名都大酒店行政总厨、黄河明珠开元名都大酒店行政总厨、北京五矿君澜大酒店中餐行政总厨；2021年至今，在郑州君澜大酒店担任行政总厨。师承李玉芬先生学习厨艺。擅长淮扬菜制作。代表作品有：蟹粉狮子头、红烧河豚、江南炆火牛肉等。曾荣获"首都烹饪艺术名师"称号，2018年"亚洲名厨"殊荣、"一带一路"国际美食大赛"烹饪榜眼奖"，2018年度中华美食养生"风云人物"称号。传徒有史万涛、李政、张思鹏等。

狄崇坤

狄崇坤，1978年5月13日出生，山东人。高级技师。

1997年在北京泰丰楼参加工作，从厨房基础工作做起，先后在北京科技会展中心任厨师、全聚德任鲁菜主管、培新宾馆任鲁菜主管、中国职工之家酒店任鲁菜主管；2014年至今，在华天凯丰餐饮服务有限公司担任项目经理、技术部部长。师承郑秀生先生学习厨艺。擅长京菜、鲁菜制作。代表作品有：葱烧海参、珊瑚鱼。曾获得北京市第九届商业服务业技能大赛一等奖、北京市技术能手称号、首都五一劳动奖章。

赵均

赵均，1978年5月20日出生，安徽人。高级技师。

1996年在扬州菜根香酒店参加工作，曾担任北京凤山度假村酒店厨师长、北京汉华酒店淮扬菜餐厅厨师、冶春餐饮股份有限公司北京分公司厨师长及总经理助理；2021年2月至今，任冶春餐饮股份公司总经理助理。师承鲁文兴先生学习厨艺。擅长淮扬菜制作。代表作品有：三套鸭、酥皮扣海参。曾获得第21届全国冷菜创新大赛金奖、2015年获得"中国淮扬菜十大名师"和"亚洲国际烹饪大师"称号，2018年度荣获中华金厨奖、2019年度获得"中餐厨师艺术家"称号。传徒王杰。

卞仁富

卞仁富，1978年5月29日出生，四川人。高级技师。

1997年在北京大海湾海鲜酒楼参加工作，先后任北京大海湾海鲜酒楼厨师、北京红高粱海鲜酒楼主厨、北京菜根香川菜酒楼厨师长、北京太和酒店厨师长、北京百姓食堂厨师长、成都里鸡毛民间菜厨师长、北京耍得鲜江湖菜行政总厨。师承张文彦先生学习餐饮管理。擅长川菜制作。代表作品有：酱烧甲鱼、仔姜蛙、宫保龙虾、鲜烧黄骨鱼等。曾在2017年获得全国饭店业职业比赛四川赛区银牌。

姜洪伟

姜洪伟，1978年6月1日出生，山东人。高级烹饪技师。

1998年在北京天坛体育宾馆参加工作，曾担任北京天下一城凉菜主管、北京锦都久缘总厨助理、江南赋凉菜总监；2016年7月至今，任北京老城京味斋凉菜总厨、研发总厨。师承赵惠源先生、高速建先生、马志和先生、甄建军先生学习厨艺。擅长凉菜制作。代表作品有：熏里脊肠、黄鱼鲞、熏鱼。2017年荣获中国香港马会鲁菜文化菜品节金奖，2017年荣获中国烹饪协会清真菜20年杰出人物奖，在第23届全国焙烤职业技能竞赛中荣获银奖。传徒有任玉亮、李明峰。

王珲

王珲，1978年6月5日出生，北京人。高级技师。

1997年在京华食苑参加工作，担任冷菜主管；曾担任便宜坊烤鸭店厨师长；2017年至今，在北京市工贸技师学院担任烹饪教师。师承张志广先生学习厨艺。代表作品有：全鸭席、仙鹤图（雕刻）、玉兰鹦鹉（拼摆）等。曾获得第五届全国烹饪大赛冷拼银奖、北京市全聚德杯比赛获团体金奖和个人冷拼金奖、第四届全国饭店协会"全国十佳雕刻师称号"、全国药膳烹饪大赛中获团体金奖及个人金奖、北京市教学设计比赛中获三等奖、第一届北京市职业院校中式烹调项目比赛中获三等奖。传徒有鲍智德、杨艳彬、杨艳强等。

曹建锋

曹建锋，1978年6月22日出生，陕西人。高级技师。

1995年在北京丹麦亲王皇室红酒博物馆参加工作，曾在北京友谊宾馆学习配菜，先后担任北京四海名流商务会所炒锅主管、北京天伦王朝酒店炒锅、北京三元香山商务会馆炒锅、和平里宾馆热菜主管、北京富丽宫酒店厨师长、北京广州大厦广州食府炒锅、北京蒲绒健康酒店炒锅、东升凯莱酒店官府菜炒锅主管。师承宋波先生学习厨艺。擅长宫廷菜制作。代表作品有：五彩绣球、玻璃飞龙、桂花金菊蟹、曲院风荷。曾参与《御膳大观》《满汉全席》等书籍编写制作。

张建宏

张建宏，1978年6月28日出生，甘肃人。高级技师。

1997年在国土资源部餐厅从事厨师工作，曾担任海南南北大酒店厨师、华北航天工业学院招待餐厅主厨、北京新知大厦厨师长、中华人民共和国国家粮食局餐厅厨师长、爱玛客服务产业（中国）有限公司项目经理；2010年至今，在北京礼信年年餐饮管理有限公司任高级经理、运营总监。师承齐进钰先生学习厨艺。代表作品有：泉水豆花、飘香口味鱼。曾获得国土资源部餐厅优秀员工称号，国务院直属机关餐厅技能比赛面点特等奖。传徒有口亚军、师辉、陈亚军。

刘汝振

刘汝振，1978年7月17日出生，河南人。高级技师。

1999年参加工作，曾就职于北京鼎鼎香餐饮管理公司、北京旺顺阁餐饮管理公司；2019年至今，在北京地锅烤肉餐厅任行政总厨。师承张铁元先生学习厨艺，擅长京菜制作。代表作品有：油爆肚仁、乌龙吐珠、地锅烤肉、炉肉扒海参。曾获得首届伊尹"中华杯"满汉全席名师大赛金奖、"长寿杯"烹饪交流大赛金奖。曾参与《实用烹调技法》《新编四季养生菜谱》等书籍的菜品制作和文字编写。

崔勇

崔勇，1978年7月28日出生，北京人。高级烹调技师。

1996年3月至今在颐和园听鹂馆饭庄学习和工作。师承李晓静先生学习厨艺。擅长宫廷菜制作。代表作品有：龙舟活鱼、罗汉大虾、乌龙吐珠、佛手围鱼翅、佛跳墙。曾获得新世纪海淀首届职业技能大赛金奖、2004年北京大学职业技能大赛金奖、2011年中国药膳烹饪比赛金奖、海淀区第七届文明市民艺术节厨艺比赛金奖、中关村美食节大赛团体金奖。传徒有吕齐松、成昱峰。

陈良

陈良，1978年8月4日出生，辽宁人。高级技师。

1997年在盘锦南海渔村大酒店参加工作，曾担任北京首都机场星阳坊主管、大唐集团太原第二热电厂厨师长、北京体育大学餐饮大楼厨师长、斯里兰卡驻中国大使馆闵韩中餐厨师长、航天科工二院长峰宾馆副厨；2019年至今，在那家餐饮有限公司任副厨。师承白常继先生学习厨艺。擅长川菜、湘菜制作。代表作品有：官府佛跳墙、五谷杂粮煨辽参。传徒有霍志伟、张学文。

赵盼录

赵盼录，1978年8月4日出生，河北人，高级技师。

1999年在北京天安门仿膳饭庄参加工作，之后，曾担任北海庆云楼饭庄主厨、怀圣私人会所主厨，2004~2008年，在美味珍御膳跟随宫廷菜大师周锦先生学习宫廷菜，曾在美味珍御膳获得最佳美食贡献奖。师承周锦先生。代表作品有：宫廷四大抓、荷塘玉鲍、松鼠鳜鱼、龙子升辉。2015年至今，在北京礼信年年餐饮有限公司担任厨师长，曾代表礼信年年餐饮有限公司参加第五届中国团餐大锅菜比赛并获得菜品特金奖，2017年曾获得中信好味道厨艺大赛特金奖。传徒赵树凡。

肖建龙

肖建龙，1978年8月4日出生，河南人。烹饪技师。

1995年在田园美食城参加工作，先后担任蓝天酒家砧板、太熟悉家常菜厨师、金安皇都大酒店厨师、交通宾馆厨师、蜀盛居大灶主管、政法大学国际交流中心厨师长、化工大学宴会厨师长、北京电信研究院总厨、中华人民共和国海关总署总厨。2015年至今任北京健力源餐饮管理公司行政总厨。师承杨仁福先生学习厨艺。代表作品有：芙蓉鸡片、鱼头泡饼、水煮鱼、馋嘴蛙等。多次参加烹饪大赛并荣获金奖，2018年被北京健力源餐饮公司评为个人先进。传徒有贺窜、张鹏、肖文涛、张力等。

罗善虎

罗善虎，1978年8月9日出生，贵州人。高级技师。

1998年参加工作，先后在北京朝阳宾馆、建国饭店、北京小王府等单位任厨师长。2014年在北京云岗好时光饭店任研发部经理。师承张文彦先生学习企业管理。擅长京菜、鲁菜、川菜、淮扬菜制作。代表作品有：养生虾线、私房焖甲鱼、十里香肥肠等。曾在2015年荣获优秀烹饪名师称号，2016年荣获工匠大厨称号，曾荣获第十四届国际美食养生大赛（塞纳杯）金奖，2018年荣获第十五届国际养生大赛（吉萨杯）金奖。

迟明亮

迟明亮，1978年8月20日出生，山东人。高级技师。

1993年在烟台劳动大厦参加工作，曾就职于烟台劳动大厦、北京天河银座、山东能源集团海湾大酒店、北京齐鲁人家等单位。师承高占军先生学习厨艺。擅长宫廷菜制作。代表作品有：佛跳墙、蚝皇极品鲍、原味实心海参、黄焖鱼翅。曾荣获鲁能皇冠杯热菜金奖、第十届商业服务技能大赛中式烹调金奖、餐饮精英会邀请赛金奖，并获得山东技术能手称号。传徒有张伟亮、王红阳、魏兴。

李涛

李涛，1978年11月6日生人，北京人。烹饪技师。

1996年在北京和平里大酒店参加工作，曾任职于和平里大酒店、京城大厦两宜轩、飞月楼宾馆、月悦城大酒店、老参鱼会议中心；2013年8月至今，在北京易食健餐饮公司工作。擅长川菜、鲁菜制作。代表作品有：水煮鱼、毛血旺、白菜烧大虾、葱烧海参。曾获得北京市雕刻比赛一等奖，第四届全国创意菜大赛金奖。传徒有聂向东、袁东、刘伟。

高彬彬

高彬彬，1978年12月6日出生，甘肃人。高级技师。

1995年在北京桃李园餐厅学徒，曾担任北京老板餐厅厨师、北京明皇度假山庄主厨、北京锦绣宫酒店主厨、红莲烤鸭店厨师长；2013年至今任京味斋烤鸭店厨师长。师承朱振声先生学习厨艺。擅长鲁菜制作。代表作品有：葱烧海参、酱爆肉丁、三不沾、干烧大黄鱼。曾获得阿拉斯加海产品大赛优秀奖，曾参加北京电视台八方食圣节目录制。传徒有郑奔、孙永强、吕二红。

米宁

米宁，1978年12月21日出生，北京人。高级技师。

1997年在北京天伦王朝酒店参加工作，2005年在松鹤大酒店任副厨师长，2013年在天津瑞湾大酒店任厨师长，2019年在北京生命科学园国际会议中心任行政总厨。师承关志群先生学习厨艺。代表作品有：菊花鱼、金丝鸭卷、一品竹笙。

吴俊林

吴俊林，1979年1月22日出生，安徽人。烹饪技师。

1995年在上海中发海鲜大酒楼参加工作，曾担任北京东方文化酒店阳春小馆酒楼厨师长、重庆美缀美酒楼行政总厨；2016年至今，在北京大学会议中心勺园中餐厅任厨师长。师承郑秀生先生、王燕华先生学习厨艺。擅长淮扬菜、海派菜制作。代表作品有：水晶虾仁、越式牛肉粒、虾子大乌参等。曾获得第十五届国际美食养生大赛（好望角杯）团体金奖、三项全能金奖，并被授予世界美食药膳名师称号；2019年度入选"中华美食养生十大风云人物"；曾荣获北京市第十一届商业服务技能大赛中式烹调特金奖。曾在《中国烹饪》发表作品。

王战海

王战海，1979年2月3日出生，河北人。高级烹饪技师。

1997年在北京大钟寺饭店学徒，曾担任北京大兴喜来登大酒店砧板主管、天津合昌宾馆副厨师长、北京金城四合院厨师长、北京福临阁大酒店厨师长、北京首农香山会议中心厨师长；2021年10月至今，在北京市圆山大酒店有限公司任厨师长。师承郑秀生先生学习厨艺。代表作品有：罗宋汁扒牛肋骨、罐焖珍菌鹿肉。曾获得北京维景杯烹饪技术比赛团体第一名，中国名厨金勺奖，被中国国家名厨烹饪文化中心授予"中华金厨"称号；其作品载入《首届中国名厨技艺博览》《中华金厨精品集》。传徒有马俊驰、李小亮、高建勇、陈志阳、高学东。

刘永兵

刘永兵，1979年2月14日出生，北京人。烹饪技师。

1997年在北京大运河高尔夫球俱乐部参加工作，先后任北京大运河高尔夫球俱乐部厨师、北京五洲大酒店中餐主管、西安金堂食府谭家菜中餐厨师长、太原锦江大酒店中餐厨师长、北京北发大酒店中餐厨师长、北京盛世那家餐饮管理公司中餐厨师长、北京北平食府寒暄餐饮管理公司行政总厨；2021年至今，创办北京小牛靓灶餐饮管理有限公司并任总经理。师承金强先生、安雷先生学习厨艺。擅长谭家菜、粤菜制作。代表作品有：黄焖鱼翅、谭府佛跳墙、开水白菜、铁板扒明虾、富贵鸡。传徒有赵永超、张力钊、荣自雷。

胡立胜

胡立胜。1979年3月1日出生，山东人。高级技师。

1996年在北京大地餐厅参加工作，先后担任吉盛大酒店厨师、金台路天外天烤鸭店厨师长、东直门天外天烤鸭店厨师长、武汉大厦鄂色天湘酒楼技术顾问、北京鸿运天外天烤鸭店厨师长、北京晋军世间美食餐饮公司顾问；现任利晟超余餐饮有限公司总经理、馄饨侯技术顾问。师承高占军先生学习宫廷菜。代表作品有：扒驼掌、烧海参、玉珠牛头。曾获得北京市烹饪名师、2013年度中华美食养生风云人物、北京迎奥运五星级厨师称号，首届北京国际营养健康美食烹饪大赛热菜金奖。传徒有李青平、张新勇、陈小强。

王雷刚

王雷刚，1979年3月3日出生，陕西人。高级技师。

2000年在北京燕山大酒店参加工作，先后在北京燕山大酒店、北京奥运大厦、中信国安大酒店工作；2015年2月至今，在北京锦江都城酒店工作。师承张铁元先生学习厨艺。擅长京菜制作。代表作品有：京葱烧鹿筋、珍珠一品鲍等。曾获得首届新派满汉全席走向民间全国烹饪大赛金奖、"联合利华饮食策划杯"第七届全国烹饪大赛第二阶段比赛特金奖。曾参与《实用烹饪技法》《新编四季养生菜谱》等书籍的菜品制作和文字编写。

公维东

公维东，1979年4月12日出生，山东人。高级技师。

2001年在北京哈马尔罕餐饮有限公司参加工作，先后在北京东海海鲜酒家、北京西部马华餐饮有限公司、西安西部马华食府、北京哈马尔罕餐饮有限公司、新加坡阿里疆餐厅、北京哈马尔罕丝路美食盛宴工作。师承王海东先生学习厨艺。擅长粤菜、西北菜、西餐自助餐制作。代表作品有：丝路花雨、传奇丝路、指橙牛肉。曾在2021环球美味卓越大厨烹饪大赛中获得优秀大厨奖。

胡斌

胡斌，1979年4月26日出生，河南人。高级技师。

2000年在北京金太阳大酒店参加工作，现任北京邮味餐饮管理有限公司总经理兼技术总监、中国食文化研究会理事、首都保健营养美食学会理事。师承李玉芬先生学习厨艺。擅长淮扬菜、谭家菜的制作。代表作品：国宴狮子头、红烧马鞍桥、柴把鸭子、响油鳝糊。曾获得中华美食养生"十大风云人物"称号，2018年被中国食文化研究会授予"中国食文化传播使者"称号，2018年被中国烹饪协会授予"注册中国烹饪名师"称号，2013年被中国饭店协会授予"中国烹饪大师"称号，曾获得海峡两岸名厨美食艺术大赛热菜金奖、第八届中国药膳大赛个人全能特金奖、第八届全国烹饪技能大赛专业组银奖。传徒有祁泽斌、张建龙、举学斌等。

万春玉

万春玉，1979年5月15日出生，河北人。烹饪技师。

1998年在赤峰商业学院参加工作，先后在北京赵钱孙李餐馆、承德制药厂火锅城、保定东来顺、承德金都绿洲商务酒店、北京中信银行、北京科环大厦、保定湖光商贸有限公司工作，现就职于北京国润物联后勤服务公司。师承刘少坡先生学习厨艺。代表作品有：老万养生莲藕粉、塞外黄羊肉、一品野生菌。曾获得2019年度中华美食风云人物称号，中国烹饪大师称号。传徒桑晶磊。

王保杰

王保杰，1979年6月3日出生，河北人。高级技师。

1998年在北京前门迎宾楼参加工作，先后在团结湖安抚来宾馆任炒锅、三里屯book's西餐厅任主厨；2004年至今，在北京市安服物业管理有限公司餐饮部任经理。师承杜广贝先生学习厨艺。擅长京菜制作。代表作品有：葱烧海参。曾获得公安部技能比赛红案特等奖、综合保障部70周年安保服务保障工作"先进工作者"、第五届北京厨师节个人金奖、中国共产党第十九次全国代表大会后勤保障部先进工作者、2018年老北京炸酱面烹饪比赛个人金奖。

杨江涛

杨江涛，1979年6月6日出生，陕西人。中式烹调高级技师。

1999年在海军厨师培训基地参加工作，先后任北京中信国安天下第一城福安宫厨师长、西安九座里餐饮公司总厨师长、北京那一家餐饮公司东北地炉烤肉行政总厨。师承张铁元先生学习厨艺。擅长官府菜、粤菜制作。代表作品有：红煨一品鲍、银丝干贝羹、松茸炭烧小牛排。曾获得陈世家杯第三届全国名厨交流赛热菜、雕刻金奖，国际食神争霸赛热菜、雕刻金奖，首届新派满汉全席走向民间全国烹饪大赛热菜金奖，第六届国际美食养生大赛（大韩长今杯）热菜金奖。曾参与《实用烹调技法》《新编四季养生菜谱》等书籍的菜品制作和文字编写工作。

王天遵

王天遵，1979年6月10日出生，黑龙江人。高级技师。

毕业于哈尔滨商业大学烹饪与营养教育专业。2009年到清华大学饮食服务中心工作，现任餐厅经理。师承张奇先生学习厨艺。代表作品有：富贵花开、果味麻花鱼、酸辣菊花肶、五彩鱼丝。曾获得第二届全国高等学校烹饪技能大赛团体银奖、全国饭店业职业技能竞赛（哈尔滨赛区）中式烹调冷拼银奖、"华邦兄弟杯"第五届中国团餐大锅菜烹饪大赛特金奖，荣获"中国东北烹饪大师"称号，"国家职业技能鉴定考评员"，多次被评为清华大学饮食服务中心先进工作者。曾参与《龙菜·龙点·龙宴》《北京人最爱吃的菜》等书籍的文字编写和菜品制作。

王宏旺

王宏旺，1979年6月19日出生，甘肃人。高级技师。

1996年在北京市公安局治安管理总队食堂学徒，曾担任昌平区沙河大草原清真饭庄厨师、中水物业管理有限公司餐饮部厨师、丰台区宛平街道办事处项目食堂厨师长、北京市交通管理局丰台交通支队食堂厨师、北京明帝餐饮管理有限公司特警总队担任项目经理兼厨师长、北京润鸿洁餐饮管理有限公司区域经理、北京麦金地餐饮管理有限公司区域经理；2020年创办北京陆之丰餐饮管理有限公司。师承白常继先生学习厨艺。擅长鲁菜制作。曾获得2011年度北京市交通管理局丰台交通支队厨艺比赛第一名。

焦占祥

焦占祥，1979年8月20日出生，河北人。高级技师。

1995年在北纬饭店学徒，曾任澍园宾馆中餐厨师长；2008年至今成立满乡春饼烤鸭店、北京仉圣园餐饮管理有限公司。师承赵春源先生、张俊祥先生学习厨艺。擅长鲁菜、宫廷菜制作。代表作品有：一品牛头方、百花仙子鱼。国家级评委，曾荣获中国烹饪大师、高级营养配餐师、高级食品安全管理师、中国十大金厨先生称号；亚洲国际餐饮协会中国区副秘书长，其事迹录入《中华名人大典》。传徒有黄理想、郭昊、蔡军、李士伟。

赵玮

赵玮，1979年8月25日出生，陕西人。高级烹饪技师。

1996年在陕西咸阳建林酒店参加工作，先后在咸阳建林酒店任厨师、北京三洋聚旺食府任厨师长、北京君临京旺食府任厨师长、北京健力源餐饮公司行政总厨；现任北京新东方烹饪学校中餐教师、安徽新华教育集团主授。师承令会岐先生、孔震熙先生学习厨艺。擅长鲁菜、川菜制作。代表作品有：九转大肠、葱烧海参、富贵毛血旺。曾获得CCTV状元360节目冠军、亚太厨皇烹饪大赛团体金鼎奖及个人金爵厨神奖、第四届中国新东方杯美食烹饪技能大赛团体特金奖、中国青年名厨大赛团体特金奖，2019年度中华美食养生十大风云人物、2020年厨王争霸赛特邀评委等。

韩猛

韩猛，1979年9月3日出生，山东人。高级技师。

1996年在北京利发盛饭庄学徒，曾担任中国人民抗日战争纪念馆厨师、北方物业开发有限公司餐厅主管和厨师长；2013年至今，担任北方物业开发有限公司餐厅经理。师承丁海涛先生学习厨艺。擅长鲁菜制作。代表作品有：八宝葫芦鸭、炒蝴蝶海参、芥末蜇蚣腰丝。曾获得首届石景山区职工技能大赛中式烹饪比赛优秀奖、穆堂香杯新京菜创意大赛亚军银鼎奖。

张占英

张占英，1979年9月9日出生，河北人。烹饪技师。

1999年在北京顺港乡里乡亲农业生态园有限公司参加工作，曾在北京公交集团聚福园饭庄任面点主管；2014年至今，在北京鸿宾楼饭庄任面点主管。师承张虎先生学习面点制作。代表作品有：荷花酥、象形苹果、天鹅酥、冰花锅贴、京东肉饼。曾在北京市"职工技协杯"职业技能竞赛中获中式面点师职业工种第六名、海天杯中餐烹饪世界锦标赛（个人赛）获得专业组中式面点铜奖。

叶敬刚

叶敬刚，1979年10月10日出生，江苏人。高级技师。

1997年在北京龙隆西蜀餐饮有限公司参加工作，先后担任三和商务酒店厨师长，通州区公安局机关餐厅总厨，新华集团北京新东方烹饪学校中餐客座教授，中国人民解放军火箭军厨师培训基地任培训教员；现任北青华宁（北京）物业管理有限公司行政总厨。师承郑秀生先生学习厨艺。代表作品有：清炖狮子头、陈年花雕煨河豚。曾获得第六届中国烹饪世界大赛热菜金奖；在2019年CCTV祖国礼赞杯烹饪大赛中担任专家评委，在2020年一城一味厨王争霸赛中担任评委。传徒有路宝斌、桂嘉宾、张军华、李小鹏、崔宁宇。

赵江云

赵江云，1979 年 10 月 14 日出生，陕西人。高级技师。

1999 年 5 月在兰州军区西北宾馆参加工作，曾任西北宾馆拉面师、中国人民解放军总参管理保障部服务局后勤处食堂厨师。2003 年 10 月至今，在中央军委机关事务管理总局服务局服务五队西山餐厅工作。师承王素明先生学习厨艺。擅长面点制作。代表作品有：象形榴莲酥、核桃酥、粽子酥、象形土豆包、羊肉泡馍等。曾获得人民解放军总参管理保障部首届饮食创新菜品面点金牌、2008 年全国第六届烹饪大赛面点银奖，2008 年荣获个人三等功。

李长春

李长春，1979年10月27日出生，四川人。高级技师。

1997年在陕西省渭南市公安消防支队一中队参加工作，曾就职于空军勤务学院北京训练大队、空军第一后勤训练基地；2019年8月至今，在空军后勤部直属保障大队工作。师承周绍强先生学习厨艺。代表作品有：清汤鱼丸、葱烧裙边、鸡豆花。曾获得空军烹饪技能大赛个人（热菜）特等奖，第六届全国烹饪技能竞赛热菜项目金奖、团体赛银奖、最佳厨师，2011年度中华金厨奖，2009年被授予"中国烹饪名师"荣誉称号。

吴增水

吴增水，1979年11月21日出生，山东人。高级技师。

1992年在北京香山饭店参加工作，曾担任北京大海碗餐饮管理有限公司行政总厨，美国加州旧金山老北京食府餐饮部经理兼行政总厨，山东滨州黎明大酒店餐饮培训部副总兼出品总监，深圳同顺居餐饮有限责任公司副总。2022年至今，在北京绿丰鲜电子商务有限公司餐饮部担任总监。师承王帅先生学习厨艺。代表作品有：养生佛跳墙、五彩素鳝、京味烧羊肉、扒肉条。曾获得东方烹坛文化发展中心个人赛铜奖，世界中华药膳协会南洋杯三项全能金奖，北京养生烹饪协会风云人物称号，被中国国家名厨烹饪文化中心授予中国烹饪大师称号。传徒有李洪健、陈锦坤、刘享、谭军。

刘杰

刘杰，1979年11月25日出生，河南人。烹饪技师。

1999年12月在北京雪峻酒楼参加工作，先后在天和晟烤鸭店国展店任面点主管、玉泉路店任面点主管、世纪坛店任店长兼厨师长、城乡超市店任店长兼品控部总监，同时出任天和晟烤鸭店面点总监。师承宋波先生学习厨艺。擅长宫廷菜制作。代表作品有：豌豆黄、芸豆卷、紫气东来、鸿运当头。曾于2020年在食全食美餐饮行业技能大赛中获得最佳菜品奖；2021年获得"筷乐食光"餐饮技能大赛三等奖、最佳菜品奖。

陈亮

陈亮，1979年12月26日出生，陕西人。中式烹调高级技师。

2001年在北京广播技术研究所参加工作，先后在北京金鼎轩烤鸭店、北京506厂工作。2011年至今，在北京万钧创达科技发展有限公司工作。师承张铁元先生学习厨艺。擅长京菜制作。代表作品有：拔丝莲子、炸烹虾段、油爆双脆、爆炒腰花。曾获得第九届药膳烹饪大赛金牌。曾参与《实用烹调技法》《龙菜·龙点·龙宴》等书的菜品制作和文字编写。

李凯

李凯，1980年1月8日出生，北京人。高级技师。

1997年在北京丰泽园饭店参加工作，曾在丰泽园饭店任冷菜主管、白家大院任出品总监；2009年9月至今，在北京市丰台区职业教育中心学校任烹饪专业教师、专业组长。师承李德良先生学习厨艺。擅长鲁菜制作。代表作品有：冷拼"梅兰竹菊"、热菜"纸皮澳带包"。曾获得"味达美"杯全国烹饪大赛冷拼赛一等奖、北京市烹饪技能竞赛一等奖、全国第二届创意菜烹饪大赛金奖、首届"京西杯"职业高中校学生专业技能比赛优秀指导教师奖，获得"全国餐饮职业教育优秀教师""京城榜样教师"称号。曾编写《面塑基础教程》《实用烹饪技法——冷菜》书籍。传徒李帅。

李玉娥

李玉娥，1980年1月20日出生，山东人。烹饪技师。

1999年在北京老家肉饼餐饮公司参加工作，先后任北京老家肉饼餐饮公司厨师、中央厨房研发部经理，河北易县老家肉饼餐饮公司总经理；2018年至今，创办易县顺祥园餐饮配送服务有限公司并担任总经理。师承张文彦先生学习企业管理。代表作品有：老家黄金红烧肉、五彩馅饼、易县龙门鲤鱼、黄汁卤鹅头等。曾获得"一带一路"国际美食大赛烹饪团体金奖、2014年度饮食行业最具创新力奖、山东济南"巧媳妇杯"首届全国名厨流行菜品金奖。传徒于福金。

王金涛

王金涛，1980年3月6日出生，河北人。高级烹调师。

2000年在东直门避风塘参加工作，先后任东直门避风塘配菜、松鹤山庄厨师、北京强强国际商务酒店粤菜厨师、淮扬府官府菜主厨、北京天驰坊餐饮管理有限公司行政总厨；2021年至今，在北京健力源餐饮管理有限公司工作，现任国家会议中心二期餐厅项目经理。师承李玉芬先生学习厨艺。擅长淮扬菜制作。代表作品有：扬州狮子头、官府佛跳墙、鲜松茸配澳带。曾于2014年荣获中国金勺奖。曾任《寻味淮扬菜》《老北京淮扬菜》编委。传徒有白昱生、焦东东。

侯春苹

侯春苹，1980年3月31日出生，北京人。烹饪技师。

1999年在北京温特莱酒店参加工作，曾任北京正大集团顾问、北京海底捞研发顾问、青苹果主题餐厅创始人；先后受聘于新华教育集团北京新东方烹饪学院客座教授，希尔顿酒店、中传国际交流中心酒店等中餐行政总厨。师承杨占胜先生学习厨艺。代表作品有：松露家传烧海参、龙虾汤鸳鸯饭。荣任中国旅游饭店烹饪协会副秘书长、常务理事，国家一级评委；曾获淂中华厨艺之星、全国厨艺创新奖、中国药膳大赛金奖、北京首都烹饪艺术家终身成就艺术奖。传徒有周飞、袁先、魏东。

贾立伟

贾立伟，1980年5月23日出生，河南人。高级技师。

1996年在聚缘楼大酒店参加工作，先后任昊天宾馆厨师长、伊斯顿国际酒店中餐厨师长、北京京都苑宾馆厨师长、星鼎赏宴行政总厨、王府井美味珍厨师长、唐山大陆精品酒店宫廷菜厨师长、祥云阁餐饮有限公司行政总厨、温州华京大酒店宫廷菜厨师长、禧如阁餐饮有限公司行政总厨。师承宋波先生学习厨艺。擅长宫廷菜制作。代表作品有：金鱼戏莲、麒麟大虾、佛跳墙等。曾在2008年第五届味道中国烹饪世界大赛中荣获个人金奖。曾参与《御膳大观》图书中的菜品制作。

夏永利

夏永利，1980 年 5 月 27 日出生，北京人。高级技师。

2001 年在北京饭店参加工作，先后在北京饭店中餐厅、北京台湾饭店宴会厅、北京赛特饭店中餐厅、北京权品公馆、北京聚德楼工作；2019 年至今，在北京保利大厦酒店工作。师承甄建军先生学习厨艺。擅长京菜制作。曾参加北京电视台生活频道美食节目 2014 年 10 月的美食地图（小炒茄子）、2015 年 3 月的快乐生活一点通（古法糟汁肉）、2015 年 5 月的一个人吃点好的（炉肉）等节目录制。

韩永强

韩永强，1980年6月14日出生，山西人。高级技师。

1996年在北京市瑞龙苑宾馆参加工作，曾就职于深圳报业集团北京办事处、北京市高级人民法院瑞龙苑宾馆、新时代大厦、远望楼宾馆；2020年至今，在西直门宾馆工作。师承王海东先生学习厨艺。擅长鲁菜制作。代表作品有：糖醋排骨、葱烧海参、茼蒿带鱼、锅塌银鱼。曾获得2003年东方美食大奖赛金奖、2020年山东省药膳大赛银奖。传徒闵诗银。

杨青松

杨青松，1980年6月23日出生，山东人。高级技师。

2002年在日坛会馆参加工作，曾在北京建国饭店总店工作。2016年至今，在北京柳泉居饭庄工作。师承张铁元先生、屈德森先生学习厨艺。代表作品有：佛跳墙、葱烧海参、罐焖鹿肉、黄焖鱼翅、油焖大虾等。曾获得2018年北京市第八届商业服务业技能大赛中式烹调师冠军。曾参与《新编四季养生汤》《实用烹调技法》《龙菜·龙点·龙宴》文字编写及菜品制作。

林琳

林琳，1980年7月14日出生，辽宁人。烹饪技师。

1998年在中国职工之家酒店参加工作，先后任北京中国职工之家酒店厨师长，厦门杏林湾大酒店中餐厨师长、行政副总厨，哈尔滨太阳岛花园酒店厨师长，中国海油芍药居分公司餐饮宴会厨师长，俄罗斯莫斯科市金熊猫中餐厅厨师长；2020年至今，在中国海油芍药居分公司任餐饮宴会部厨师长。师承王海东先生学习厨艺。代表作品有：红花汁鱼面筋、清汤茉莉鱼花、宫保带鱼卷。曾获得2017年世界中餐青年排名赛金奖、2017年北京市商业服务技能大赛金奖，荣获2020年首届"中华节气菜名厨"、2017年"北京十大青年名厨"称号，2021年度世界中餐联合会职业技能竞赛国际评委。

张伟

张伟，1980年9月10日出生，北京人。中式面点技师。

1998年在北京二十一世纪饭店参加工作，曾任职于北京凯莱大酒店、北京市港澳中心瑞士酒店、北京市九华山庄会议中心；2004年6月至今，在北京市稻香湖景酒店工作。师承吴馆耀先生学习厨艺。代表作品有：宫廷美点、广式茶点、北京小吃等。传徒有王勇、宋玫锴、姚鹏举、陈云、乔峰。

李伟

李伟，1980年9月27日出生，四川人。高级技师。

1998年在北京月亮河度假村参加工作，曾担任北京涵珍园国际酒店厨师、北京健壹景园厨师长、北京聚德楼饭庄厨师长；现任北京京水宾馆厨师长。师承甄建军先生学习厨艺。擅长宫廷菜制作。代表作品有：灌汤黄鱼、芙蓉燕菜、菊花炉肉热锅、海虹扒鱼翅。曾获得第九届全国技能竞赛中餐热菜铜奖、第三届国际"爱心杯"厨师争霸赛金牌、北京市第四届营养师大赛金牌。传徒有吕宏亮、罗由高。

王晓宁

王晓宁，1980年10月8日出生，北京人。高级技师。

1999年在北京工商总局参加工作并担任中式面点师，先后在甘肃省驻京办事处敦煌大厦、诺林大酒店、龙城皇冠假日酒店任中式面点主管；现任北京宏圣职业技能培训学校中式面点教师。代表作品有：五彩龙须面、葫芦排叉、九层芸豆糕、重阳花糕、喜寿桃等。曾获得首都职工素质工程第六届教师教学教法基本功大赛一等奖和最佳现场授课奖。著有《中国首部食育师资培训规范指定用书》《北京味道》《家乡味道》书籍。

魏二明

魏二明，1980年11月3日出生，河南人。高级技师。

1997年在京和餐厅学徒，曾在八方来客宾馆任厨师、中国人民大学附属中学食堂任行政总厨；2021年至今，在北京味好美餐饮管理有限公司任技术总监。师承屈浩先生学习厨艺。擅长鲁菜制作。代表作品有：葱烧海参、九转大肠、油焖大虾、芫爆里脊丝、糟熘鱼片。曾获得第五届全国烹饪大赛个人雕刻银奖、首届全国中餐技能创新大赛"创新大奖"及"全国最佳厨师称号"；曾被国务院农民工工作领导小组评选为"全国优秀农民工"。传徒有闫福民、王维东。

李凤

李凤，1980年11月7日出生，河北人。烹饪技师。

2008年在北京市绿海食品有限公司参加工作，先后就职于阿曼布斯坦宫殿饭店中餐厅、首都机场希尔顿酒店餐饮部、北京市绿海食品有限公司；2017年至今，在绿海食品（固安）有限公司任总经理兼法人。师承白常继先生学习厨艺。拥有祖传老北京灌肠生产技术专利，享誉京城。

李东月

李东月，1980年11月11日出生，北京人。高级技师。

1997年在北京长江食府参加工作，先后任北京长江食府厨师、梅地亚中心厨师、世纪佳明餐饮公司厨师长；2016年至今，任北宇餐饮公司行政总厨。师承张志广先生学习厨艺。擅长粤菜制作。代表作品有：鲍汁四宝、葱烧海参。曾获得杨贯一基金杯全国燕翅鲍首届比赛银奖。

段誉

段誉，1980 年 11 月 14 日出生，河南人。高级技师。

1996 年在北京泰富酒店中餐厅参加工作，曾任北京新世界酒店中餐厅行政主厨、北京瑰丽酒店中餐厅行政主厨、北京泰富酒店中餐厅行政总厨；2016 年后创立北京拾久新京菜品牌餐厅、北京新京熹火锅、京艳翰林书院京府菜等多家企业。师承屈浩先生学习厨艺。擅长新京菜制作。代表作品有：段誉之熟醉蟹、段氏绝味鱼头、黑松露牛骨髓煲仔饭。曾获得"餐饮业十大杰出青年""最具影响力行政总厨"称号。曾担任 CCTV 天天饮食、BTV 旅游卫视等栏目特邀嘉宾；荣获旅游卫视"心煮艺"年度厨神奖；2017 年度世界中餐青年烹饪艺术家称号；曾荣获第二届中国国际食用菌烹饪大赛金奖，世界中餐业联合会青年名厨排名赛银奖。传徒有姜涛。

宁帅

宁帅，1980年12月13日出生，河南人。高级技师。

1999年在中国人民解放军总后勤部参加工作，先后任总后勤部机关食堂及总后勤部青塔招待所主管、中华人民共和国铁道部机关首长餐厅和西餐厅主管、中央纪委国家监察委首长餐厅主管；2014年至今，在中央纪委国家监察委首长餐厅任主管。师承王志福先生学习厨艺。代表作品有：什锦宝塔、锦上添花、虫草葫芦鸭。曾获得第二届东方美食国际大奖赛雕刻和热菜金奖，第五届全国烹饪大赛冷拼金奖和"全国最佳厨师"称号，第三届国际中华美食养生大赛面点、冷拼、热菜三项全能金奖和"世界美食药膳名师"称号，第六届全国烹饪技术大赛冷拼、热菜银奖及团体金奖。

王新伟

王新伟，1981年4月14日出生，河南人。高级烹饪技师。

1999年在大鸭梨烤鸭店北洼路店学徒，先后任大鸭梨烤鸭甜水园店厨房主管、大鸭梨烤鸭店左家庄店厨师长；2019年至今，任大鸭梨集团行政总厨。师承崔玉芬先生学习厨艺。擅长京菜、鲁菜制作。代表作品有：干炸丸子、葱烧海参、酥皮虾、油焖大虾、老北京炖吊子。曾获得首届国际健康杯美食大赛北京站金奖、FHC中国国际烹饪艺术大奖赛银奖、联合国人类健康美国纽约联合国总部组织举办的美食大赛功勋奖、大鸭梨集团2020年度第四届技能大赛总厨献艺冠军、中华料理铁人非遗菜品技艺传承萃华杯金牌奖。传徒有王俊涛、赵东坡。

李国新

李国新，1981年4月14日出生，河北人。中式烹调师。

1999年在河北省沧州市南皮县宾馆参加工作，先后任沈阳清文化主题酒店厨师、北京饮膳茶院厨师、北京市朝阳区职工大学厨师长、北京德宜合餐饮文化公司厨师长。师承王帅先生学习厨艺。擅长宫廷菜制作。代表作品有乌龙吐珠、抓炒大虾、御酱鸡翅、黄焖鱼翅。曾获得世界美食药膳名师称号、中国青年御膳大师称号、第十一届国际美食养生大赛（菩提杯）三项全能金奖、第十二届国际美食养生大赛（槟城杯）三项全能金奖、中国国际美食青年技艺精英人才奖、北京烹饪技能大赛金奖，2016年度被评为中华美食养生风云人物。

马宏贵

马宏贵，1981 年 5 月 15 日出生，安徽人。高级技师。

1997 年在中华人民共和国海关总署参加工作，先后担任京圣世苑温泉大酒店中餐厅厨师长、长沙芙蓉豪廷酒店中餐宴会厨师长、三一集团行政总厨、北京日坛国际酒店中餐宴会行政总厨；现任中共中央警卫局主厨。师承周锦先生学习厨艺。擅长宫廷菜制作。代表作品有：宫廷素宴、禅宗佛跳墙、荔枝樱桃肉、素干烧鱼等。曾任绿色餐饮明星金厨表演赛国际评委，曾荣获"亚洲神厨"称号，第七届全国烹饪技能竞赛个人金奖，中共中央警卫局美食节团队金奖、个人金奖，中共中央警卫局服务处年度个人优秀奖；两次荣立个人三等功。传徒李本江。

韩涛

韩涛，1981年5月27日出生，北京人。烹饪技师。

1998年在北京北人大酒店参加工作，曾就职于北京北人大酒店、北京百万庄园餐饮有限公司、北京湘鄂情餐饮有限公司、北京金百万餐饮有限公司；2015年7月至今，在北京恒利食品有限公司工作。师承杜广贝先生学习厨艺。擅长京菜制作。曾参与北京2008年奥运会期间9个场馆的企业供餐，完成153万人份保障任务，参与2015年九三阅兵供餐保障及专项供餐保障、2021年建党百年国家体育场演出专项保障、2022年北京冬奥会4个场馆保障任务。

史国旗

　　史国旗，1981年6月2日出生，内蒙古人。高级技师。

　　1997年在北京东方饭店参加工作，曾先后任福瑞园烤鸭店主厨、北京楼饭店厨师长、北京美洲俱乐部厨师长、光华路5号邦街美食街厨师长；2012年至今在名华四季国际酒店任行政总厨。师承屈浩先生学习厨艺。擅长鲁菜制作。代表作品有：原汁扣鲜鲍、醋椒黄鱼、葱烧海参、九转大肠等。曾获得美国阿拉斯加海产中西合璧创新菜肴大赛最佳创意奖、中西创意菜金牌，全国食用菌烹饪大赛热菜金奖，世界之友杯烹饪大赛热菜金奖，北京烹饪技能大赛热菜金奖，首都烹饪艺术作品展评活动"首都烹饪艺术家"成就奖。传徒有陶啸明、王俊强、吴国强。

于维富

于维富，1981年9月8日出生，辽宁人。烹饪技师。

1998年在大连顺峰金山龟蛇岛酒店参加工作，曾担任大连天天渔家厨工、大连沙河府酒楼凉菜小工、大连晨艳风味小馆厨师、中国人民解放军总装备部银轮接待处厨师长；2019年11月至今，在北京君通银轮宾馆有限责任公司任厨师长。师承杜广贝先生学习厨艺。擅长京菜、淮扬菜制作。代表作品有：葱烧海参、鲈鱼狮子头。曾在第三届中国药膳烹饪大赛获得热菜金奖。

周艳宾

Zhou Yan Bin

周艳宾，1981年9月22日出生，河北人。高级技师。

2000年在北京厚德福酒楼参加工作，2004年至今，在北京鸿宾楼餐饮有限责任公司任副经理、行政总厨。师承朱长安先生学习厨艺。代表作品有：双味鳕鱼排、芥味牛扒、虾汤豆腐等。曾获得第六届全国烹饪技能竞赛清真热菜项目金奖、北京市饭店行业职业技能大赛中式烹调师"金鼎奖"、第五届北京地区烹饪服务技能竞赛中式烹调比赛金奖、第二届北京市职工职业技能大赛中式烹调师比赛第三名、全国餐饮行业"青年岗位能手"称号、全国餐饮行业"最美青工"称号、京港澳台烹饪职业精英邀请赛特金奖。传徒有马宁、田学龙、马海珍等。

赵海荣

赵海荣，1981年9月24日出生，陕西人。高级技师。

1998年在北京市丰台五国城参加工作，曾先后任北京玉泉营俱乐部炒锅、北京国家电网总部外事接待副厨、唐山国丰维景酒店中餐行政总厨、神华海港国际饭店行政总厨；2018年至今，任大董远通维景店行政总厨。师承屈浩先生学习厨艺。代表作品有：茄汁春虾、海参烧脱骨猪手。曾荣获第四届东方美食迎奥运中国超厨大赛"中国百强超厨"称号、第二届迎奥运清真烹饪大赛金奖、中央电视台"满汉全席"全国烹饪电视擂台赛石锅专场擂主、首都烹饪艺术作品展评活动"首都烹饪艺术家"成就奖、"味道2009"青年名厨烹饪大赛"特金奖"、全国中餐技能大赛"金奖"、2011年参加首届创意中国菜烹饪大赛获"特金奖"。传徒有苏甲、袁伟。

王森林

王森林，1981年11月13日出生，江苏人。高级技师。

1996年在北京军区政治部服务楼参加工作，先后就职于北京军区政治部服务楼、北京民芳美食中心、江苏状元楼餐饮公司、国家行政学院皇苑大酒店；2013年至今，在北京四季盛金品味餐饮管理公司工作。师承张占杰先生学习厨艺。代表作品有：老醋焖肉、新派八宝狮子头。曾获得2013年度中华美食养生风云人物称号。传徒有刘俊、文军飞。

贺金涛

贺金涛，1981年12月6日出生，北京人。高级技师。

1998年在北京汇珍楼学习烹饪，曾先后任北京中俊酒店主厨、盈科中心京膳坊主厨、昌平大宅门迎祥商务酒店厨师长、北京大菜楼厨师长、北京香山八大处素斋坊宴会总负责人。2008年至今，任北京海湾绿洲大戏楼厨师长。师承王春立先生学习厨艺。代表作品有：凤脯珍珠、鸳鸯如意卷、彩凤还巢。曾获得2004年全国烹饪大赛金奖、广州烹饪大赛团体金奖，2006年全国药膳大赛金奖，第三届京津冀地区精英赛特金奖。曾多次受邀录制CCTV国际频道、BTV"快乐生活一点通""美食大搜查""我在宫里做厨师"等节目录制。曾在《中国烹饪》杂志刊登"金玉满堂香满桌"作品。

张旭

张旭，1981年12月19日出生，北京人。高级技师。

2000年在北京蔓兰酒店参加工作，先后任北京王府井希尔顿酒店中餐副厨师长、北京万世名流酒店中餐厨师长、北京朝阳悠唐皇冠假日酒店中餐厨师长、北京京能大厦行政总厨、北京蔓兰酒店行政总厨。师承屈浩先生学习厨艺。代表作品有：陈年花雕竹林鸡、清一色毛血旺、红丝绒大虾球等。曾被评选为东方美食"中国青年烹饪艺术家"，曾获得2018年"一带一路"美食交流大会厨邦创意冷菜银奖、世界中餐联合会比赛团体二等奖、个人金奖。传徒有吴桐、张馨文等。

徐瑞林

徐瑞林，1981年12月27日出生，河北人。高级技师。

2005年在北京新东方烹饪职业技能培训学校担任技能高级培训讲师，曾任河北承德乾隆大酒店中餐热菜主管、北京市朝阳区新东方烹饪职业技能培训学校教学研发主管，曾参与筹备开发哈尔滨欧米奇西点西餐学院；2018年至今，担任北京市朝阳区新东方烹饪职业技能培训学校教学负责人。师承尹汝龙先生学习厨艺。代表作品有：大煮干丝、银丝豆腐羹。曾获得首届新东方杯烹饪职业技能大赛团体特金奖、北京市职业技能培训优秀教师称号、第五届新东方杯烹饪职业技能大赛团体特金奖。传徒有李明、薛韦亮。

韩春

韩春，1982年2月2日出生，北京人。高级烹饪技师。

2000年在北京鸿宾楼饭庄参加工作，曾先后担任北京天伦王朝酒店炒锅主管、北京弘景酒店管理公司总厨、北京港口食堂炭烧居酒屋总厨、河北高碑店淇仑食府总厨。2021年至今，担任北京天梓餐饮管理有限公司总经理。师承刘敬贤先生学习厨艺。擅长辽菜制作。代表作品有：红烧牛尾、砂锅羊头、三色鱼肚、红扒鱼翅。曾参与北京生活频道、北京科技频道、中央电视台相关饮食节目的录制。传徒李寿鹏。

杨成祥

杨成祥，1982年3月7日出生，山东人。烹饪技师。

2002年在北京煤炭科学研究总院中餐厅参加工作，先后任北京和平里天津宾馆厨师、洛阳谭府养生园酒店厨师、北京西三旗太伟酒店官府菜厨师长、北京门头沟黄花梨生态园谭家菜厨师长、北京京都苑宾馆厨师长、西安欧凯罗酒店中餐行政总厨、北京后海十六号美食会所行政总厨。师承宋波先生学习厨艺。代表作品有：佛跳墙、黄焖鱼翅、玉鸟鸣春、清宫万福肉等。曾在2010年名厨烹饪大赛获精英金奖，获得2018年"中国金奖厨艺之星"称号、2016年"中华美食养生风云人物"称号。曾参与《满汉全席》一书菜品制作。

顾明

顾明，1982年3月11日出生，北京人。高级烹饪技师。

1999年在人民大会堂参加工作，先后任北京贵宾楼饭店官府菜主厨、儒宴孔府菜总厨、您吉祥私房菜厨政总监。2016年至今，担任中国全聚德集团北京亦庄店副总厨、出品总监。师承顾九如先生学习厨艺。代表作品有：海参全家福、芽黄火鸭丝、明皇玉带虾、珍菌熘鸭肝。曾获得北京市技术能手称号，2015年获港华紫禁杯烹饪大赛金奖。曾参与2008年北京奥运会、2007年中非合作论坛、2006年博鳌亚洲论坛等会议餐饮服务，多次受邀参与中央电视台、北京电视台等媒体菜品节目录制。传徒有张守银、高鹏杰。

古丰钦

古丰钦，1982年4月8日出生，河北人。高级技师。

1995年在北京宣武体校参加工作，追随启蒙师父张家聚大师学厨。先后任云天酒店炒锅、麻辣诱惑主厨；现任北京东方顺泽瑞贸易有限公司私人主厨。师承李玉芬先生学习厨艺。擅长淮扬菜制作。代表作品有：蟹粉狮子头、响油鳝糊、香酥鸡、传统油焖大虾等。曾在2019年北京市海淀区工匠杯比赛中获得金奖、最佳创意奖。2020年进入《中国餐饮名人录》第二卷，2020年获"中华美食养生风云人物"称号。传徒冯海洋。

李彦青

李彦青，1982年6月6日出生，河北人。高级技师。

2002年在中国国际广播电台餐饮部参加工作，先后任中国国际广播电台餐饮部炒锅、北京玉都饭店粤菜主管、北京野荷花语餐饮公司技术顾问、中石油天然气集团公司菜品研发总监、华油北京公司菜品研发总监、北京提香源海鲜酒楼行政总厨；2022年至今，在北京易食健餐饮公司工作。师承林保军先生学习厨艺。代表作品有：花开富贵、大良炒鲜奶。曾获得第四届全国创意菜北京赛区特金奖、2014年中国餐饮行业杰出人才奖。传徒周唯敏。

王洋

王洋，1982年6月21日出生，北京人。高级技师。

1999年在北京又一顺饭庄参加工作，曾在五洲大酒店、北辰五洲会议中心、北京又一顺饭庄、北京鸿宾楼饭庄、北京烤肉宛饭庄、北京东来顺饭庄工作。师承侯玉瑞先生学习厨艺。代表作品有：凤戏牡丹、一品芝麻羊肉、珊瑚鱼、炸烹大虾等。曾获得全国清真烹饪技术大赛个人金奖、团体金奖，全国青年职工技能大赛个人金牌、团体金牌，北京市服务技能烹饪大赛个人金奖。2008年服务于北京奥运会餐饮工作，被中共北京市委统一战线工作部评为先进个人；2019年获中国供销集团内部职工第二届技术大赛一等奖。传徒马宝亮。

周忠升

周忠升，1982年6月22日出生，河南人。高级技师。

1998年在北京紫云轩参加工作，曾在新加坡同乐集团学习交流，先后任北京海蝶餐饮有限公司中央厨房主管、北京汉华国际酒店主管、北京湖岸茉莉餐厅厨师长、北京皇家驿栈前门店厨师长、北京金麟汇餐饮服务有限公司厨师长、天池彩虹餐厅厨师长、霄云叁伍餐厅行政总厨。师承张占杰先生学习厨艺。擅长京菜、鲁菜制作。代表作品有：芙蓉烤鳕鱼、酱汁烧黄鱼、灵子烤肉。

刘承东

刘承东，1982年8月12日出生，湖南人。高级技师。

　　1998年在中国香港半岛酒店中厨部学徒，曾担任中国香港圣玛山庄厨师、高级主管，韩国汉城利萨料理酒店中餐厨师长，湖南长沙影视会展国际酒店行政总厨，北京望湘园酒楼行政总厨、副总经理，北京翠清酒家行政总厨；2015年至今，在湖南玉湘雅苑餐饮管理有限公司任总经理。师承张文彦先生学习企业管理。擅长湘菜制作。代表作品有：潇湘八喜宴、相思鱼尾、毛氏方肉等。曾荣获首届世界自然遗产武陵烹饪大赛金牌、首届湖湘文化创新菜烹饪大赛金牌、第二届中华美食养生技术交流赛金牌、湖南省绿色厨艺创新菜大赛金奖。传徒有李勇、杨俊、贺若希、彭亨、冯何茂。

郭丹

郭丹，1982年9月28日出生，北京人。高级技师。

2001年在北京赛特饭店参加工作，曾就职于北京赛特饭店、亮马河大厦、丽思卡尔顿酒店、新加坡同乐餐饮有限公司。2011年9月至今，在北京北辰五洲大酒店工作。师承王志强先生学习厨艺。擅长面点制作。代表作品有：灌汤小笼包、菠萝包、叉烧酥。

王志建

王志建，1982 年 10 月 3 日出生，浙江人。烹饪技师。

2000 年在苏州皇宫大酒店参加工作，先后任北京松鹤楼餐饮管理有限公司双井店、融科店厨师长，现担任北京环球贸易中心店厨师长兼北京松鹤楼餐饮管理有限公司行政总厨。师承潘培权先生学习厨艺。擅长苏帮菜制作。代表作品有：松鼠鳜鱼、清熘河虾仁。2008 年获得第六届全国烹饪技能竞赛团体赛银奖，2017 年获得中国驻拉脱维亚大使馆厨艺交流赛冠军，2018 年在新西兰城市文化交流活动中担任苏州饮食文化大使，曾参加北京 BTV "食全食美" "最北京" 节目录制。传徒刘术朝。

马伟

马伟，1982年12月8日出生，陕西人。高级技师。

1998年在北京武警车辆监理所炊事班参加工作，先后在武警车辆监理所炊事班、越秀大饭店、梅地亚中心、弘景酒店管理公司、全聚德、京兆尹、北京望海楼静舍餐饮管理有限公司工作。师承王海东先生学习厨艺。代表作品有：灌汤黄鱼、黄焖佛跳墙、台湾卤肉方、客家五杯鹅等。曾荣获世界青年十大名厨、中国烹饪艺术家、世界青年烹饪艺术家、中华节气菜名厨称号，曾获得第三届川菜大赛金奖、上海美味大厨预制菜大赛冠军。著有《关于素食的发展及烹饪技法》（内部刊物）文章。传徒有张海波。

杨波

杨波，1982年12月31日出生，北京人。高级技师。

1998年在北京汇珍楼饭庄参加工作，曾任瀛海机构商务酒店宴会主厨、华膳园四合院商务会所宴会主厨、北京1881德国啤酒工厂店厨师长；2008年至今，在北京海湾绿洲大戏楼餐饮管理有限公司任宴会主厨。师承王春立先生学习厨艺。擅长宫廷菜制作。代表作品有：金玉满堂、八宝豆腐。曾荣获2006年全国烹饪大赛内蒙古赛区两金一银、京津冀烹饪大赛金奖。曾参加中央电视台"生活圈""回家吃饭"及北京电视台、黑龙江卫视等多家媒体美食节目的录制。

李松

李松，1983年1月8日出生，河北人。中式烹调技师。

2002年在北京武警总医院服务中心参加工作，先后在武警总医院服务中心、北京西藏大厦、密云文雅食府、北京市轨道交通建设管理有限公司工作。2014年12月至今，在国投物业有限责任公司北京五分公司工作。师承郑秀生先生学习厨艺。擅长淮扬菜制作。代表作品有：盐水鸭、桂花糯米藕、蜜汁芸豆。曾在2021年荣获"北京市东城区优秀健康生活方式指导员"称号。传徒有赵本松、朱凌锋。

邢振秀

邢振秀，1983年2月7日出生，山东人。烹饪技师。

2003年在北京大成食品有限公司参加工作，先后任北京奥龙苑食品公司研发部经理、国家机关事务管理局国谊宾馆餐饮部业务主管。2019年5月至今，在国家机关事务管理局国谊宾馆任餐饮部副经理。师承王志强先生学习厨艺。代表作品有：象形大枣、抻龙须面、提褶包子等。曾获得中央国家机关"我为十七大做贡献"服务技能大赛银奖、第七届全国烹饪技能竞赛西式面点金奖；曾被中华全国妇女联合会授予"全国巾帼建功标兵""全国三八红旗手"称号。曾参与王志强《星级面点》书籍编写。传徒有薛占杰、郑书燕、陈冬冬、刘俊帅。

冯卫

冯卫，1983年2月26日出生，河南人。高级技师。

1999年在新郑宾馆参加工作，曾先后任花园酒店厨师、花中城大酒店主厨，西湖春天餐饮有限公司北京店、深圳店厨师长；2015年成立鹊融酒店并任行政总厨；2018年至今，任北京融通天健宾馆行政总厨。师承屈浩先生学习厨艺。代表作品有：煎烧丹江野生雄鱼头、蒲公英炖牛肉。曾获得2020年第六届全国烹饪技能大赛热菜金奖、京港澳台烹饪职业精英邀请赛金奖、第三届京津冀地区精英赛金奖、2020年度齐鲁厨艺工匠金鼎奖。传徒有梁浩杰、杨继凤、蒋友维、王家乐。

刘红星

刘红星，1983年4月19日出生，河南人。高级技师。

2000年在北京都王烤鸭店参加工作，先后在都王烤鸭店、金太阳大酒店、信远大酒店工作。曾任京瑞温泉酒店中餐厅厨师长、国瑞大酒店行政总厨，现任萃华楼集团行政总厨，负责集团各门店菜品研发及厨政管理。师承崔玉芬先生学习厨艺。代表作品有：香酥细鳞鱼、鲜凤梨焗翅中。曾在2019年全国第二届药王邳彤杯药膳大赛中获个人金奖。

张威

张威，1983年6月22日出生，河南人。面点技师。

2000年在北京华北军区后勤部学习面点、金汉斯烤肉学习法式烘焙；先后任青年餐厅面点厨师、金鼎轩广式茶点厨师、三河金都大酒店饼房主管、花家怡园面点主管兼指导长；2017年11月至今，任京味斋、京华烟云、泰和院、六和顺面点研发总厨。师承王志强先生学习厨艺。代表作品有：京八件、干酪鸭、奶酪果子冰等。曾在第二十三届全国焙烤职业技能竞赛中获得（顺南食品杯）全国月饼技能比赛北京赛区银奖。2019~2020年被聘为上海第21、22届FHC国际烘焙大赛裁判。

陈伯

陈伯，1983年7月7日出生，北京人。高级技师。

2000年在国家开发银行服务局餐饮部参加工作，曾先后任北京俏江南食品雕刻师、鹰翔宾馆厨师长、北京获麒餐饮公司（纪晓岚家宴）行政总厨、北京德泰楼餐饮公司行政总厨；2011年至今，在北京蓝调庄园任餐饮总监。师承屈浩先生学习厨艺。代表作品有：葱烧海参、九转大肠。曾获得第二届东方美食国际大奖赛食品雕刻"特金奖"、第四届中国国际食用菌大赛金奖、名厨奥运创新菜大赛金奖、全国第二届创意菜烹饪大赛特金奖；2021年获得首届朝阳区总工会"朝阳大工匠"提名奖；曾参加电视台"回家吃饭""天天饮食"等节目录制；曾在《中国烹饪》《中国食品》等杂志发表作品。传徒有程亮、倪珍、常乐意、史小磊、陈文道。

秦岩岗

秦岩岗，1983年7月14日出生，山西人。烹饪技师。

1998年在石家庄金达莱酒店学徒，曾先后任石家庄李记酒家面点师、北京三零九医院食堂厨师、华北科技学院食堂主管、大鸭梨（北苑路店）厨师；2013年至今，在北京蜀渝餐饮有限公司任厨师长、项目经理。师承杜广贝先生学习厨艺。擅长京菜制作。曾获得2013年"首钢实业杯"第二届中国大锅菜团体一等奖，2015年中小学营养餐大赛团体一等奖、个人优秀奖，2017年中小学大锅菜大赛团队一等奖，2021年承担中国共产党成立100周年大型活动文艺演出餐饮服务保障工作，2022年承担北京冬奥会和冬残奥会北京冰立方餐饮服务保障工作。

崔志勇

崔志勇，1983年7月27日出生，河北人。烹饪技师。

1998年在北戴河远大集团参加工作，曾任职于北戴河远大集团、平安路餐厅、秦皇岛巧妻水饺餐饮公司、中华人民共和国环境保护部北戴河环境交流中心；2012年至今在北京兰溪宾馆工作。师承白常继先生学习厨艺。曾在2009年北戴河系统餐饮大比武中获得热菜组第一名、团体第二名，2014年环保系统餐饮大比武中获得团体一名、热菜组第一名。

隋艳松

隋艳松，1983 年 8 月 13 日出生，山东人。中式烹饪高级技师。

2003 年在北京汇贤府餐饮管理有限公司参加工作，后到全聚德系统学习烤鸭及全鸭席制作。2005 年 8 月至今，任北京汇贤府餐饮管理有限公司副总经理兼集团行政总厨，擅长店面全面管理及技术和菜品创新。师承郝保力先生学习厨艺，擅长国宴及鲁菜制作。代表作品有：书香乳鸽、金龙玉玺、葱烧牛头方。曾荣获北京十大职业经理人、全国酒家酒店等级评定委员会评审员、北京餐饮十大名厨、中国鲁菜烹饪大师等称号。

张平原

张平原，1983年8月28日出生，江苏人。高级技师。

1999年在北京全聚德烤鸭店参加工作，曾就职于北京天外天烤鸭店、北京金百万烤鸭店。2021年至今，担任北京紫云阁烤鸭店行政总厨。师承张占杰先生学习厨艺。代表作品北京烤鸭。曾获得2013年度美食养生风云人物。

刘旺红

刘旺红，1983年9月5日出生，甘肃人。高级技师。

2001年在北京金翅鸟酒店学习厨艺，曾先后任首钢篮球中心热菜主管、杭州香益大酒店出品总监、台州香益大酒店出品总监、江苏盐城肆号公馆出品总监、北京工体丰泽园主厨、新保利丽宫主厨；2021年至今，任境缘京味菜餐饮总监。师承李宏刚先生学习厨艺。擅长粤菜、新京菜制作。代表作品有：江南百花鸡、葱烧海参等。曾获得第四届东方美食大赛金奖、北京名店名厨名菜创意奖、第三届国际健康美食节大赛金奖。传徒有李杰明、王常权、许春旺。

段永成

段永成，1983年9月21日出生，北京人。高级技师。

2000年在麒麟居参加工作，曾先后任国家电网中餐厨师长、国安宾馆中餐厨师长；2009年至今，任盛世那家集团行政总厨。师承赵春源先生、魏金亭先生学习厨艺。擅长宫廷菜、川菜制作。代表作品有：指橙蜜椒牛肉、锅爆龙头鱼、贡品皇坛子。曾荣获"金厨王""国际名厨""2008年奥运会优质服务标兵"等称号，曾获得国际食神争霸赛双金奖，曾指导"新华社全球连线"冬奥会美食策划。传徒有卜银行、杨永刚、王兴、杨帅、杨海迪。

吴华侠

吴华侠，1983年10月12日出生，河南人。高级技师。

1999年3月在北京先达饮食集团公司参加工作，先后在前门都一处烧麦馆、方庄都一处、永定门都一处工作。师承李金秋先生学习厨艺。代表作品有：都一处烧麦、炸三角。曾获得全国优秀农民工、首都劳动奖章、北京市劳动模范、全国劳动模范、北京市级非物质文化遗产项目都一处烧麦制作技艺代表性传承人、北京市政府特殊津贴技师、北京市有突出贡献的高技能人才、北京老字号工匠等荣誉称号。曾组织编写非物质文化遗产丛书《都一处烧麦》。传徒井听听。

殷立新

殷立新，1983年11月3日出生，河北人。高级技师。

2003年在国家发展和改革委员会培训中心参加工作，曾担任国家发展和改革委员会培训中心面点师、中华全国总工会面点师；2012年10月至今，在中国共产党中央委员会组织部机关服务中心任面点领班。师承王志强先生学习厨艺。代表作品有：面果（水果系列、蔬菜系列）、天鹅酥、双色海螺酥等。曾在2019年北京市技能大赛中获总决赛第一名并荣获北京市技术能手荣誉称号，在中国共产党中央委员会组织部"共筑中国梦 岗位做贡献"技能大赛中，多次获得一等奖；连续六年被中组部机关事务管理局评为先进个人。

吴燕

吴燕，1983 年 11 月 15 日出生，河南人。面点高级技师。

2001 年在北京达园宾馆参加工作。师承王素明先生学习厨艺。代表作品有：冰花锅贴、养生葫芦、牛头酥、口袋酥、象形核桃酥等。曾获得"联合利华饮食策划杯"第七届全国烹饪技能竞赛铜奖、第九届"怡卡杯"中国药膳制作技术大赛面点第一名、国家机关事务管理局"发扬工匠精神争做岗位能手"第一届服务技能大赛面点制作一等奖。

卞学波

卞学波，1983年12月7日出生，四川人。烹饪技师。

1999年在北京茶店子酒楼参加工作，先后就职于聚福缘酒楼、宝盛缘海鲜酒楼、麻辣风情酒楼、沸腾鱼乡酒楼、北大博亚国际酒店等单位，担任厨师长、行政总厨。师承张文彦先生学习管理。擅长烹制传统川菜。曾荣获第十五届国际美食养生大赛金奖；荣获2021年北京十大美食养生风云人物称号。

郭兆林

郭兆林，1983年12月12日出生，北京人。高级技师。

2002年在北京萃华楼饭庄参加工作，曾担任北京市公安局警务保障部机关服务中心厨师长、银丰商务酒店厨师长、萃华楼饭庄厨师长；2013年4月至今任沪江香满楼副经理、厨师长。师承贾德秋先生学习厨艺。擅长鲁菜制作。代表作品有：葱烧辽参、黄焖鱼翅、水晶虾仁、黄焖鲍鱼鸡。曾获得2004年北京市新世纪杯烹饪大赛第二名、2008年北京迎奥运烹饪技能大赛金牌。传徒有南朝阳、伊乾、杨通。

杨占山

杨占山，1984年1月12日出生，黑龙江人。高级技师。

2002年在北京中聚汇合科技有限公司参加工作，曾先后任京东第一温泉度假村厨师、北京长峰假日酒店主厨、北京成名汇酒店主厨、北京金荣客咖啡有限公司厨务总监、北京首福和乔餐饮有限公司总经理。2020年6月至今，任北京美锦恒润餐饮管理公司行政总厨。师承屈浩先生学习厨艺。代表作品有：养生黑蒜烧海参、鸿福普洱茶香烧肉等。曾获得第四届中国国际食用菌大赛金奖、名厨奥运创新菜大赛金奖、阿拉斯加海产中西合璧新菜大赛金奖、世界之友杯烹饪艺术大赛热菜特金奖。传徒有李长富、张东升、李燕文等。

郭飞

郭飞，1984年1月17日出生，安徽人。高级技师。

2000年在北京龙都宾馆参加工作，曾担任北京龙都宾馆配菜、北京今天假日海鲜厨师、鸿锦海鲜大酒楼主管、北京翠宫饭店副厨师长；2009年11月至今，在胡大饭馆工作。代表作品有：麻辣龙虾、麻辣扇贝、水煮河豚鱼、鲜椒捞鳝丝。曾在2011年餐饮酒店4D现场管理体系专家组获金牌讲师，2016年获得金厨帽称号，在2018年中国小龙虾大奖赛中获得特金奖，2020年获北京市劳动模范称号。传徒有程雄峰、陶瑞里。

吴征

吴征，1984年2月4日出生，北京人。烹饪技师。

2000年在北京四川饭店参加工作，曾任北京政协礼堂凉菜主管、中国商务部凉菜主管、北京市生态环境保护宣传中心厨师长。2018年至今，在北京市生态环境局综合事务中心膳食科工作。师承张志广先生学习厨艺。擅长鲁菜制作、食品雕刻。代表作品有：金汤烧鱼肚、鲍汁扣辽参、喜鹊登枝。曾获得首届北京市职业技能大赛第一名。

王峰

王峰，1984年3月6日出生，北京人。高级技师。

2001年在北京饭店实习，曾担任清华紫光国际交流中心领班、凯宾斯基饭店主管、格兰德高国际俱乐部主管；2006年至今，任北京市生态环境保护宣传中心厨师长。师承张志广先生学习厨艺。擅长鲁菜制作。代表作品有：葱烧海参、干烧鱼、黄焖海虎翅。曾获得古城旅游服务职业高中技能大赛食品雕刻一等奖、刀工一等奖，第三届中国西餐文化节创意雕刻个人赛金奖、"杨贯一杯"首届燕鲍翅肚参（鲍鱼）银奖。

连龙

连龙，1984年4月17日出生，甘肃人。高级烹饪技师。

2003年6月于北京花园大酒店从厨，曾担任北京正院大宅门厨师，西安御品天下官府翅副厨师长，北京鸟巢奥运文化主题餐厅行政总厨，天津君悦大酒店行政总厨，江苏盐城北京人家餐饮集团出品总监。2020年3月创立东宝酒馆中餐厅，任总经理。师承张文彦先生学习企业管理，擅长官府菜制作，代表作品有佛跳墙、销魂鱼头、黑松露牡丹虾等。曾受中央电视台天天饮食栏目邀请，与央视主持人董浩先生共同主持节目，曾获得盐城五一劳动奖章、江苏省旅游"百佳人才"称号、第三届国际美食养生大赛(柳林杯)团体金奖及个人金奖。传徒有李东峰、曾亚、翟亮亮、韦翔等。

王兴喜

王兴喜，1984年6月23日出生，北京人。高级技师。

2000年在北京中航云湖度假村参加工作，曾担任河北昌黎黄金海岸中国工商银行培训中心厨师、北京黄河京都大酒店管理集团厨师长；2011年至今，在北京雍景台酒店担任行政厨师长、北京九洲弘裕餐饮管理有限公司任运营总监。师承郑秀生先生学习厨艺。代表作品有：清炖蟹肉狮子头、拆烩鲢鱼头。曾获得2006年北京市首旅集团"全聚德杯"技能大赛金奖、2008年迎奥运国际食神争霸赛特金奖、2019年度中华美食养生风云人物称号。传徒有王厚山、李飞等。

杨大永

杨大永，1984年7月28日出生，吉林人。高级技师。

1999年在长春吉隆坡酒店参加工作，现任山东华恩营养健康有限公司总经理；曾先后担任北京大鸭梨烤鸭店厨师、北京和芳苑会所厨师长、德州德百集团玫瑰园会所行政总厨。师承周锦先生学习厨艺。擅长宫廷菜制作。代表作品有：出水芙蓉燕窝、绣球干贝。曾获得第七届国际美食养生大赛（客家杯）个人金牌、首届创意中国菜烹饪大赛热菜金牌、北京市第八届商业服务业技能大赛热菜金奖，荣获北京市技术能手、中国御膳大师等称号。传徒有马敬珂、王谦、冯金国、梁新彪。

郑斌

郑斌，1984 年 7 月 28 日出生，北京人。高级技师。

2002 年在北京全聚德和平门店参加工作，曾担任北京全聚德集团讲师，在本市和贵州、重庆企业辅助和指导工作；2020 年至今，在国美控股集团总部任厨师长。师承王盛显先生学习厨艺。代表作品有：山楂鹅肝、锦绣花缘、芥辣鸭脯、茅台煎焗鸡扒等。曾赴瑞士卢塞恩参加中餐美食月活动；曾参加"一带一路"国际合作高峰论坛国宴制作任务；曾荣获北京首旅集团"三星匠人"荣誉称号；在市总工会举办的"匠人之星"职工技能大赛热菜比赛中获优秀奖。

霍浜虎

霍浜虎，1984年8月5日出生，陕西人。中式烹调高级技师。

2002年在中华人民共和国铁道部参加工作，曾担任中国铁路总公司厨师长；2019年至今，任东旭集团公司餐饮接待中心行政总厨、北京金福泰康餐饮管理公司董事长。师承李建国先生学习厨艺。代表作品有：阿尔巴松露红花藜麦烩花胶、六月荷香蒸八珍鼎。曾获得第四届中华美食养生大赛（柳林杯）三项全能金奖、被授予"世界美食药膳名师"荣誉称号，第六届全国烹饪技能竞赛团体赛金奖、个人技能竞赛热菜银奖，首届创意中国菜烹饪大赛热菜金牌，全国大锅菜烹饪技能竞赛热菜金牌，第七届中国药膳养生技术制作大赛全能特金奖。曾参与《中国大锅菜》系列丛书的制作和编写工作。

刘亿宝

刘亿宝，1984年9月29日出生，陕西人。高级技师。

2003~2006年于北京黎昌海鲜餐饮集团公司粤菜学徒，先后任北京俏江南餐饮有限公司川菜厨师、和芳苑餐饮集团产品督导经理、北京西子湖畔餐饮公司出品总监、北京湘阅餐饮管理有限公司经理、北京湘十二楼餐饮有限公司总经理；现任北京世高餐饮有限公司经理。师承高占军先生学习厨艺。擅长宫廷菜制作。代表作品有：佛跳墙、清汤狮子头、葱烧蹄筋。曾获得中关村国际美食节厨王争霸大赛团队金奖、首届创意中国菜烹饪大赛热菜金牌。参与2022年北京冬奥会北京主场馆中餐服务项目。

刘吉桐

刘吉桐，1984年10月7日出生，河北人。高级技师。

2002年在北京市通州区房地产开发总公司参加工作，曾先后任北京华天凯丰餐饮服务有限公司特警总队餐厅面点主管、北京华天凯丰西单大悦城餐厅副经理、北京华天凯丰西长安街养老餐厅经理；2018年10月至今，任北京华天凯丰餐饮服务有限公司项目经理、面点培训师。师承王志强先生学习厨艺。代表作品有：面果、啤酒桶酥、香梨酥等。获得北京市西城区劳动奖章、北京市劳动模范、首都劳动奖章等荣誉称号，曾获得"新华联杯"第五届职工职业技能竞赛全国总决赛中式面点组特金奖、北京市"技协杯"面点烹饪大赛第一名、北京市第八届商业服务业技能大赛中式面点"金手指"奖杯。

黄威

黄威，1984年10月28日出生，河南人。高级烹调师。

2000年在北京老胡同餐厅参加工作，2005年1月至2006年8月在西华智德饭店任厨师，2006年9月至2009年3月在北京月亮河度假酒店任中餐主厨，2009年3月至2017年10月在涵珍园国际酒店任厨师长，2017年1月至2020年11月在北京拾久新京菜（米其林一星）餐厅任总厨；2020年11月至今，在京宴三环里餐厅任总厨。师承甄建军先生学习厨艺，擅长京菜制作。2018年荣获全国首届餐酒搭配挑战大赛亚军。代表作品有：大炒肉炖海参、酸菜炉肉热锅、干炸丸子、燕窝烩红白鸡丝、炸鹿尾。传徒祝谭谭。

彭华强

彭华强，1985年1月18日出生，湖南人。高级技师。

1999年在湖南岳阳南湖宾馆参加工作，曾担任北京宴总店湘菜主管、厨师长、行政总厨，北京宴金宝店总经理；2016年至今，担任北京宴集团运营总监、集团总经理，湘上湘品牌合伙人兼主理人，屈浩烹饪学校客座讲师。师承屈浩先生学习厨艺，擅长湘菜制作。代表作品有：姜辣实心海参、豆汤鱼头烩鱼翅。曾被评为中国湘菜烹饪名师，东方美食最受瞩目青年烹饪艺术家，曾获得第二届全国创意菜大赛金奖、第三届厨邦超级凉菜大赛特等奖、全国烹饪技能大赛一等奖。曾在《中国大厨》《东方美食》杂志发表论文。

沈立伟

沈立伟，1985年1月27日出生，黑龙江人。烹饪技师。

2000年在哈尔滨天园酒楼学厨，先后任哈尔滨太平国际机场副厨、北京大功臣餐饮有限公司厨师长、陕西毛公餐饮有限公司研发总监、山东海里捞餐饮有限公司总监；2015年至今，在北京门头沟葵苑饭庄任总经理。师承杜广贝先生学习厨艺。擅长京菜制作。代表作品有：烹汁小牛肉。曾荣获亚洲十大名厨、法国蓝带御厨、华夏十大名厨等称号。

李秋伟

李秋伟，1985 年 3 月 16 日出生，北京人。烹饪技师。

2001 年在北京市怀柔区碧湖宾馆参加工作，先后任北京市怀柔区碧湖宾馆中餐主厨、北京昌平区华能中央党校培训中心冷菜主厨和食品雕刻师、北京市射击运动技术学校中餐主厨。师承朱祥月先生学习厨艺。代表作品有：蟹黄鱼肚、三丝鲍鱼羹。曾担任《创新食品雕刻》图书副主编。

李庆财

李庆财，1985年4月1日出生，山东人。高级技师。

2003年在北京新世纪饭店参加工作，先后就职于清华大学饮食服务中心、泰山锦江酒店、山西汉鼎国际酒店、北京汇贤府餐饮管理有限公司；2017年至今，在北京首钢一九一九餐饮管理有限公司工作。师承丁海涛先生学习厨艺。代表作品有：灌汤黄鱼、珍珠大虾、布袋鸡。曾获得山西省第六届技能竞赛特金奖、山西省第六届特色宴席比赛团体宴席金奖、第七届全国烹饪大赛金奖，荣获首届职工技能大赛"匠心人才"、石景山区第二届职业技能大赛"石景山杰出技能人才"称号。传徒有王文力、姜海明、张伟平。

曾欠欠

曾欠欠，1985年4月14日出生，河南人。高级技师。

2002年在四季民福参加工作，先后就职于京味斋餐饮有限公司、民福居餐饮有限公司；2021年至今，在鲁班张葱烧海参工作。师承王海东学习厨艺。代表作品有：葱烧海参、干炸丸子。曾获得2007年北京药膳大赛金奖、第六届全国烹饪大赛北京赛区银奖、第四届全国中餐技能创新大赛金奖、北京市第三届职工职业技能大赛最佳创意奖、第二届全国食用菌大赛金奖、第七届全国中餐技能大赛总决赛特金奖、2022年全国烹饪技能锦标赛冠军，被授予"北京市青年烹饪艺术家"称号。

王春增

王春增，1985 年 5 月 23 日出生，广东人。高级技师。

2002 年在广州市亚洲国际大酒店参加工作，曾担任北京中国香港马会私人会所中餐厨师长、韩国首尔四季酒店中餐厨师长；2016 年 12 月至今，在北京华尔道夫酒店任中餐行政厨师长并获得米其林餐厅称号，曾获得亚太厨皇艺术功勋人物、世界中餐业联合会中餐厨师艺术家，世界中餐粤菜勋章、法国美食会中餐烹饪大师等称号。

Zhao Yu

赵宇

赵宇，1985年6月15日出生，北京人。烹饪技师。

2005年参加工作，先后任北京鸿宾楼餐饮公司厨师、厨师长兼工会主席，目前在北京鸿宾楼餐饮有限责任公司任厨师长。师承朱长安先生学习厨艺。擅长京菜制作。代表作品有：鸿宾鱼头皇、脆香牛仔骨、奇妙虾等。曾荣获2008年第六届全国烹饪技能个人赛金奖、2011年第五届北京地区烹饪服务技能竞赛优秀奖、2012年西城区文明市民标兵；2012年荣获西城区共青团"创先争优"活动优秀团员。曾参加中央电视台"儿时的味道"、北京电视台美食节目录制。传徒有杨启宝、贾超、马林等。

孙立杰

孙立杰，1985 年 8 月 11 日出生，河北人。烹饪技师。

2002 年在北京玉泉路全聚德店参加工作，曾担任玉泉路全聚德店厨师，方庄全聚德店鲁菜主厨、热菜厨师长，儒宴孔府菜厨师长；2021 年 11 月至今，在亦庄烧鸽子饭店任厨师长。师承李建国先生学习厨艺。擅长鲁菜制作。代表作品有：葱烧海参、鸡蓉冬瓜、蒜香猪手。曾在 2018 年 5 月被认定为中国青年御膳大师；2021 年度荣获中华美食养生风云人物称号。

丰 春 建

丰春建，1985年9月6日出生，山东人。高级烹饪技师。

2000~2004年在济南金马大厦学徒，2004~2010年在济南鱼翅皇宫任总厨助理，2010~2015年在郑州皇宫酒店任厨师长，2015~2018年在北京宴任厨师长；2018年至今，任北京融通天健宾馆厨师长、北京京通宾馆厨务顾问。师承石万荣先生学习厨艺。代表作品有：葱烧猴头菇、螺丝椒炒鲍鱼、葱香焖大黄鱼、丘北辣椒爆肥肠。曾获得2016年河南郑州裕丰杯烹饪比赛热菜金牌；曾在中央电视台"回家吃饭"、北京电视台"快乐生活一点通"录制节目。传徒有葛铭洋、李小军、任金龙。

黄小辉

黄小辉，1985年9月10日出生，陕西人。面点技师。

2004年在北京锦芳小吃店参加工作，曾任锦馨豆汁店店长、锦芳小吃店面点厨师长；2013年至今，任锦芳小吃店面点主管。师承王志强先生学习厨艺。代表作品有：蜜麻花、螺蛳转、糖火烧、奶油炸糕。2013年被北京烹饪协会授以"小吃制作大师"称号，2013年被全国餐饮行业共青团工作指导和推进委员评选为"最美青工"，2015年被北京市东城区人民政府认定为东城区优秀青年人才，2015年被国务院农民工工作领导小组授予"全国优秀农民工"称号。

崔保华

崔保华，1985年9月14日出生，陕西人。高级烹饪技师。

2002年在北京金海岸餐饮管理有限公司参加工作，曾担任北京金海岸餐饮管理有限公司主厨、北京四季民福餐饮管理有限公司厨师长；2009年至今，在四季民福餐饮集团先后担任过店长、行政总厨、出品总监、运营总监等职务。师承崔玉芬先生学习厨艺。代表作品有：一品黄坛香、干炸丸子、干烧四宝、贝勒烤肉、糖醋大黄鱼等。曾在2016年荣获"北京饮食行业优秀行政总厨"称号；2017年荣获北京"京菜名厨"称号。

黄强

黄强，1985年10月2日出生，河南人。烹饪技师。

2001年在吉林省政府驻京办事处雪松宾馆参加工作，先后就职于雪松宾馆、北京长白山国际大酒店、国家体育总局冬季运动管理中心、首体宾馆、中共中央党校、北京伊胜阁餐饮管理有限公司；2021年至今，创立"炙子强"民间烤肉。师承张占杰先生学习厨艺。代表作品有：炙子烤肉。

李红涛

李红涛，1985 年 11 月 18 日出生，河北人。烹饪技师。

2004 年在北京大董烤鸭店参加工作，曾任北京御锦苑餐饮管理有限公司行政总厨、北京天麓盛餐饮管理有限公司研发总监；2020 年至今，任北京梅地亚酒店中餐厅厨师长。师承孙宪厚先生学习厨艺。擅长鲁菜制作。代表作品有：葱烧海参、栗子扒白菜、干烧鱼。曾获得亚太厨皇食神烹饪大赛团体金鼎奖、个人银奖，国际金爵厨神奖，第三届全国创意菜大赛金奖。传徒有曹东东、范玉琛。

林雨

林雨，1985年11月29日出生，山东人。高级技师。

2006年在茶聚场餐饮管理有限公司参加工作，曾担任茶聚场餐饮
管理有限公司厨师长。曾跟随日本翻糖大师山本直美学习翻糖技术、跟
随法国阿诺德大师学习甜品制作。曾担任新闻大厦酒店面点师。师承杜
广贝先生学习厨艺。代表作品有：老北京小吃、丹麦牛角面包、法式甜
品。曾获得"北京京菜传承人""中国食文化传承人"等荣誉称号。

田仕超

田仕超，1985年12月14日出生，四川人。高级技师。

2000年在随缘酒家学徒，曾担任密西园酒楼川菜主管、乐园酒家厨师长、春晖园温泉酒店绿茵阁餐厅中西式自助餐厨师长、悦荟轩港式豆捞火锅餐厅厨师长、人民日报社文贤居餐厅厨师长、两千斤江湖菜行政总厨；2019年至今，在北京悦庆楼酒店管理有限公司任项目经理。师承林弟先先生学习厨艺。擅长传统川菜的制作和创新。曾获FHC国际烹饪大赛金奖、搜厨国际烹饪大赛金奖。曾担任《家常炖补100锅》《四季炖补100锅》《秘制调味酱汁在宴会菜肴中的应用》等书籍的编委。

编委简介

张元善，1944年4月15日出生，北京人。曾任北京市宣武区（翔达）饮食公司业务经营部主任、北京山城饭庄经理、致美斋饭庄总经理、宣武区饮食行业管理办公室主任、宣武区饮食行业协会秘书长等职，并担任多家餐饮公司顾问、总监。长年从事餐饮管理及培训教学工作，著有《餐饮企业经营管理实务》等书籍，并在多家杂志上发表关于餐饮企业管理方面的学术论文。

杨志智，1945年6月29日出生，北京人。高级烹饪技师。1961~1964年在服务学校学习中餐；1964年在西城饮食公司参加工作，师承张树增、刘志加学习鲁菜。1984~1988年在龙华药膳工作；1988~1998年在清华园宾馆工作。代表作品有"百鸟归巢""太极湘莲"等。传徒有杨宏伟、阮克坚、王毅等。

萧玉斌，1945年9月29日出生，北京人。原北京市工贸技师培训鉴定处处长，全国餐饮业国家一级评委，国家职业技能竞赛裁判员，高级烹调技师，世界中华美食药膳研究会常务理事，京华名厨联谊会会员，中国烹饪大师。擅长鲁菜烹制，刀工技艺精湛。多次获得全国、市级大赛金奖，两次荣获"技术能手"称号。先后参加了《中国名菜集锦》《京菜烹调技法及实例》《烹饪技能比赛专辑》等书籍的编写。

李桂兰，1947年3月5日出生，北京人。大专学历，高级讲师。国家级烹饪专业高级考评员。北京城市学院、北京教育学院客座教授。1965年毕业于北京市服务管理学校，留校从事教学工作。曾任专业教研室主任，创建了专业学科水平最高、规模最大的烹饪原料标本室。其教学事迹被收入《女性百科优秀人物集录》。曾编写《家庭烹饪280忌》《中国名菜谱——北京分册》等书籍。多次被邀担任电视台专业节目评委。现担任《中华美食药膳》杂志专栏作家兼编委。

李悦忠，1947年4月17日出生，河北人。高级烹调技师，北京特级烹饪大师，中国烹饪名师，世界中华美食药膳研究会常务理事，中国烹协名厨专业委员会委员，曾任渔阳饭店行政总厨。早年师承陈胜学习厨艺。擅长粤菜烹制，多次参加各类烹饪大赛并荣获金奖。长年担任国家级、市级烹饪赛事评委。传徒李云鹏等。

金忠，1948年2月7日出生，北京人。高级烹调技师，国家级烹饪专业高级考评员。多次担任北京市烹饪大赛和全国烹饪大赛评判工作。曾任北京兴华美食总公司培训学校校长，为社会培养了大批烹饪专业人才。他在全国烹饪大赛和国际烹饪大赛中曾获得多次奖项。曾参加原国家劳动部《中式烹调师、中式面点师》的编写工作。

齐结存，1949年12月24日出生，河北人。1968年入伍，本科学历。空军上校，兼职客座教授。高级烹调营养师，中国药膳大师，国家级评委。在部队期间荣立三等功四次，五次被评为空军机关优秀党员。其事迹被录入《世界名人录》《中国专家人名辞典》等。五十多年来，始终从事军队后勤管理及烹饪技术的研究。多次承担国庆阅兵、军事行动后勤保障工作。曾主编《空军厨师培训教材》《厨师培训大纲》等十余部书籍。

张铁元，1952年2月24日出生，北京人。大专学历。曾任聚德华天职业技能培训学校顾问。国家级中餐评委，世界美食药膳大师，中国餐饮文化大师，中国烹饪大师，中国药膳大师，国际饮食养生研究会副会长。著有《北京名菜典故》《煲类新菜肴》《老北京风味小吃》等书籍，并参与编写《再现随园食单》等多部书籍。传徒有韩应成、姜海涛、李庆春、南书旺、王高其、李传刚等。

张文彦，1952年12月31日出生，北京人。现任国际饮食养生研究会会长、《中华美食药膳》杂志社社长、北京"名厨百叟宴"组委会主任等职。兼任韩国国际饮食养生协会、美国国际食品设计家协会、广东汕头美食协会、江西省科学养生协会顾问等职。曾主办多次大型国际、国内烹饪赛事交流活动。编著多部烹饪专业书籍。

王九均，1953年4月25日出生，北京人。大学本科学历。1966年9月至1978年6月在延庆香营乡新庄堡务农。1978年7月1日在延庆饮食服务公司参加工作，1991年6月任服务公司副总经理、党委委员，2002年10月任服务公司党委副书记、纪检书记、副总经理；2004年2月起任延庆饮食服务公司党委书记、总经理。2004年4月兼任延庆饮食服务行业协会会长。

曾凤茹，1953年6月27日出生，北京人。现任国际饮食养生研究会秘书长、《中华美食药膳》杂志社编委、《随园食单》研究会学术委员、世界美食药膳大师、中国服务大师、国家一级评委、北京市顺义区烹饪协会专家指导组成员。曾编著多部餐厅服务管理教材。

王燕，1953年7月1日出生，北京人。大专学历。1969年于内蒙古生产建设兵团参加工作。现任国际饮食养生研究会、世界中华美食药膳研究会常务理事，《中华美食药膳》杂志社编委。曾参与组织多次国际美食养生大赛等大型社会活动。参与编写的书籍有《北京当代名厨》《中华精品药膳》《再现随园食单》《中华美食与药膳》《佳肴美馔》等。

周秀来，1953年11月2日出生，山东人。历任北京便宜坊烤鸭集团职业技能培训学校校长、北京崇文区烹饪学会秘书长等职。现任《中华美食药膳》杂志社主编，国际饮食养生研究会常务理事兼副秘书长。从事中国烹饪史、中国饮食文化史研究。著作有《中国历代宫廷御膳纵览》《再现随园食单》等。传徒王玲。

粟石毅，1954年5月24日出生，北京人。大学学历。现役大校军官。八一电影制片厂高级摄影师。《中华美食药膳》杂志社编委、首席摄影师。所拍摄的新闻类、肖像类、剧照类作品多次在国内获奖，并在全国多家媒体上发表。

潘四发，1954年12月15日出生，北京人。高级教师。曾任海淀区职工大学（中关村学院）常务副校长。1975年1月参加工作，先后在北京市第20中学、花园路职业高中、北京市远大职业高中、北京市外语电子职业高中等单位任职。曾任主任、科长、校长等。几十年工作经历中，为餐饮、服务、管理行业培养了大量人才。多次受到市、区有关部门表彰奖励。

张占杰，1955年1月5日出生，北京人。高级烹饪技师，艺名"鸭五"。曾任北京交通大学技术顾问。1972年在又一顺饭庄参加工作，师承艾广富学习厨艺。北京亚运会期间，其制作的烤鸭获得各国运动员赞赏，受到组委会表彰。几十年来，始终坚持亲手烤制，其技艺得到业内同行的认同。传徒有陶庆善、盖玉苑等。

孙丽芬，1955年5月13日出生，北京人。曾任中国农业出版社编辑，世界中华美食药膳研究会理事。1969年9月入伍，在海军北海舰队旅顺基地司令部从事卫生工作15年（正营级）。1984年9月转业到中国农业出版社，从事出版编辑工作，策划编辑出版优质生活丛书多部。如《营养保健粥谱》《美味四季凉菜》《中外节日家宴》《养生保健百年历》《中华美食药膳》等书籍。

王爱平，1956年1月11日出生，北京人。高级烹调技师，高级考评员，职业技能鉴定师，北京市优秀教师。1975年2月毕业于北京服务学校烹饪专业，留校从事烹饪教学。师承陈礼。擅长鲁菜的制作，旁通川、粤、苏等菜系及面点小吃，对烹饪原料的加工技术有独到的见解。其业绩曾入选《中国大百科专家人物传记集》《中国名厨技巧博览》《中国饭店管理人才大典》等书籍。曾主编《营养早餐》，参与编写了《满汉全席》。

白常继，1956年5月27日出生，北京人。高级烹饪技师，世界美食药膳大师，中国药膳名师，《中华美食药膳》杂志编委、专栏作家。"随园食单"物质文化遗产传承人。世界中华美食药膳研究会常务理事兼副秘书长。曾出版《豆腐王国》《中国菜肴造型创新》等书籍，并参与编写制作《再现随园食单》一书。2005年被评为中华美食养生风云人物。现任多家电视台餐饮栏目特约主持人。传徒有王自琴、朱振亚、许天明等。

左东黎，1956年6月26日出生，北京人。原《中国食品》杂志副主编，世界中华美食药膳研究会常务理事，中国烹饪协会美食专业委员会委员，《中华美食药膳》杂志编委，首都保健营养美食学会理事。从事杂志记者、编辑工作20多年，撰写了大量关于行业发展和品牌经营的文章。其撰写的"蘑菇的核能"一文，被中国食用菌协会授予2004年度"十大新闻奖"。

海然，1957年1月19日出生，北京人。高级技师，中国餐饮服务大师，世界中餐业联合会中国服务委员会秘书长，世界中华美食药膳研究会常务理事，中国药膳技术制作专业委员会委员，餐饮业国际级评委、裁判员，北京西餐业协会等级评定委员会评审员，国际烹饪联合会副秘书长。

王娜，1958年5月17日出生，北京人。高级会计师。现任国际饮食养生研究会、世界中华美食药膳研究会理事。多次参与国际、国内美食养生烹饪大赛及"名厨百叟宴"的组织工作。曾在《中华美食药膳》杂志上发表多篇论述健康养生文章。

苏文强，1959年3月21日出生，北京人。现任北京市铁人三项运动协会常务副会长，北京横渡张健体育发展有限公司总经理，世界中华美食药膳研究会顾问，《中华美食药膳》杂志社编委等职。

李晓静，1959年7月15日出生，河北人。高级烹饪技师。曾任颐和园听鹂馆厨师长。国家职业技能鉴定高级考评员，原国家高教部外事司派往国外的厨师审核评委，北京市劳动局职业技能技术烹饪教师。1978年进入北京颐和园听鹂馆工作，得到刘德俊、赵德民等师傅的耐心指导，成为烹饪行业的多面手，擅长宫廷寿膳、宫廷面点、宫廷小吃、冷荤和西餐的制作及拼摆。宫廷寿膳非物质遗产传承人。传徒陈洋路、陈少泉、邻继军、石磊、陈建桥、柳龙等。

张小新，1961年9月19日出生，北京人。国际饮食养生研究会常务理事、中华美食药膳杂志编委。1983年参加工作，先后在电子工业出版社、中国康华实业有限公司、中国通达电子网络系统公司、北京太昊企业策划顾问有限公司、北京中瑞诚会计师事务所、北京博瑞凯德资产评估有限公司、北京应用技术大学饭店旅游学院、北京康元文化有限公司、国际饮食养生研究会工作。曾参加国家自然科学研究院、首都矿山公司、中科院蔬菜研究所、中国供销集团等大型企业的审计工作。多次参加名厨百叟宴及赛事的筹备服务工作。

屈浩，1962年10月30日出生，北京人。高级烹调技师。现任北京屈浩烹饪服务学校校长，中国烹饪大师，中国亚洲大厨，世界大赛评委，法国厨皇会荣誉主席。1982年毕业于北京服务学校，分配到北京丰泽园饭店开始厨艺生涯，得到王义均、时广南、张晨、赵国忠等多位大师的传授指导。曾多次在国内外的大赛上荣获金奖。曾受邀到十几个国家讲学、表演。著有《中国烹饪大师作品精粹》《面塑技法与应用》《中华当代名师新厨艺》《参肚鲍翅烹饪秘籍》等书籍。传徒有杨朝辉、曹学俊、杨占胜、杨杨、谢福成、呼崎等。

高占军，1963年1月3日出生，北京人。高级烹饪技师。1980年在全国政协餐厅参加工作。先后在北京汇珍楼饭庄、二十一世纪饭店等企业担任厨师长、行政总厨。现任北京御锦苑餐饮管理有限公司行政总厨。师承周锦学习厨艺。擅长宫廷菜制作。代表作品有佛跳墙、丛草一品牛头方、抓炒鱼片。曾获得1990年北京市烹饪大赛金奖、1995年北京市青工大赛金奖。传徒有张浩、胡立胜、赵辉、王炎、陈德广等。

赵燕春，1963年3月21日出生，北京人。大专学历。1981年于北京朝阳区文化馆参加工作。2007年5月至今，成立北京市艳阳天顺文化发展有限公司，担任董事长。兼任中央电视台《生活圈》《回家吃饭》《健康之路》《夕阳红》、北京卫视《美食地图》《食全食美》《幸福厨房》、吉林卫视《幸福最美味》、陕西卫视《你是我的菜》等国内40余档美食生活类电视节目的嘉宾或主持，并担任网络栏目《一千零一味》总策划及主持人。

何永清，1963年9月23日出生，吉林人。大专文化，高级烹饪技师。师承张志斌学习鲁菜技艺。曾先后任职于哈尔滨好记实业有限公司、北京绿康苑酒楼、北京八号公馆、北京美润易城饭店管理有限公司等单位，担任总经理。1986年获沈阳军区厨师大赛第一名；2000年获哈尔滨市青年企业家称号；2004年获中国饭店协会颁发的"中国烹饪大师"称号。著作有《中国凉菜谱》等。

高石桥，1964年6月2日出生，河北人。高级烹饪技师。国际饮食养生研究会副会长，河间驴肉产业协会副会长、北京分会会长。1995年参加工作，跟随魏金亭师傅学艺。2006年创建新式"驴肉火烧"，潜心研究驴肉菜系，创出"驴紫盖""全丝驴胶""河间抓炒鱼"等系列菜。其事迹曾为多家电视台所报道。2012年创建北京利桥顺餐饮有限公司，担任董事长。2015年被评为十大餐饮风云人物。传徒有张智伟、李浩、刘备等。

潘学庆，1966年3月4日出生，北京人。高级烹饪技师。1984年6月在京新发酒店参加工作，师承张文海学习鲁菜。现任国际饮食养生研究会副秘书长。曾荣获北京市迎亚运烹饪大赛一等奖。现任西局惠民餐厅总经理。传徒睦林等。

马爱军，1966年3月9日出生。高级烹调技师。1983年2月于北京市政府第四招待所（北京新大都饭店）参加工作，师从吕家生从厨学艺。1993年在第三届全国烹饪大赛荣获热菜金牌；1995年在北京地区粤菜烹饪大赛荣获团体热菜银牌。代表作品有"锦江飘香""稻香扎肉""黄焖鱼翅"。传徒王金峰、王金武、王志新、李怡等。

贺玉玲，1969年9月17日出生。北京人。研究生毕业，中国民主建国会会员。1986年参加工作。1995年开始自己创业，先后开创的企业有康顺达饭馆、延庆主街大馅饺子馆、延庆中心小区莜面村饭店、朝阳区奶水人家农业发展有限公司、石峡古堡客栈等。多次荣获市总工会、北京市妇联、市人事局"三八"红旗奖章；2016年被评为全国三八红旗手。现任延庆区政协委员、延庆女企业家协会副会长兼秘书长、国际饮食养生研究会副秘书长等职。

王根章，1970年6月4日出生，北京人。国际饮食养生研究会副秘书长。清宫御宴制作技艺代表性传承人、清宫御膳"满汉席"第三代传人、高级烹饪技师、中国饭店业高级职业经理人、中国烹饪大师。1989年在华天饮食服务公司参加工作，师承周锦为师学艺。曾先后就职于北辰集团汇珍楼、华彬庄园、钱柜餐饮公司，任厨师长、总厨。现担任多家烹饪学院客座讲师；曾荣获北京市第三届烹饪大赛金奖，全国第一、二、三届中国药膳烹饪大赛金奖，第五届世界烹饪大赛金奖。北京合兴楼"御膳肘子王"联合创始人。传徒有孙文祥、郭迎红等。

胡绪良，1972年1月30日出生，重庆江津人。国际饮食养生研究会副会长。1990年开始从厨，1997年在成都同仁堂学习药膳，成为彭铭泉教授弟子；后拜张文彦为师学习餐饮管理。曾在清华大学中国餐饮业高级职业经理研修班进修。现任北京康元文化有限公司董事长、河北省任丘市华设食苑总经理等职。

赵红燕，1974年1月8日出生，北京人。国际饮食养生研究会理事。1994~2001年自营北京燕家餐厅，担任总经理；2001年后从事服装及一次性餐饮用具生产销售工作，现任职于北京嘉和丽华管理公司。

马军，1975年12月27日出生，河北人。高级烹饪技师，国际药膳名师。1993年参加工作。曾担任大兴澳洲肥羊餐饮公司行政总厨；2006年起兼职中央电视台天天饮食栏目特级讲师；先后创立武汉三川麻辣风餐饮有限公司、易县小马哥食品科技开发有限公司、奈曼旗偶德农业科技有限公司。曾多次参加烹饪大赛并荣获金奖。其研制的"莲藕粉条"荣获国家专利。

毛克林，1991年11月15日出生，河南人。大专学历。2011年6月进入红功夫（北京）餐饮有限公司，擅长企业经营管理。现任红功夫（北京）餐饮有限公司总经理。

后记

　　光阴荏苒，日月如梭。距离《北京当代名厨（第一部）》的出版，已经过去整整二十一年了。抚今追昔，令人感慨万千。

　　二十多年来，中国与世界都发生了剧变，而我们为厨师立传的初衷没有变。我们认为，厨界前辈为我国餐饮业的发展辛勤劳作了一生，功绩不应被遗忘。随着时间的推移，许多老师傅先后作古，时间在慢慢吞噬着人们的记忆。为留下远去的前辈事迹，记录后起当代名厨的风采，给这些普通劳动者以应有的历史地位，让后来者学习前行者，我们立志将此系列丛书编好。

　　也许有人质疑、有人不解，我们为什么要这么做。其实，《中国食品》杂志就此曾评论道："《北京当代名厨》一书，逆社会规则而动，所有录入书中的名厨全部采用推荐，不仅不收本人的任何费用，还由编委会免费提供照相、送书等一系列服务，所有编委没有一分钱报酬，全部是义务工作。这一切在今天讲市场经济，物欲横流，金钱至上的氛围中，显得那么另类。"

　　我们认为，这既然是件对行业、对社会有益的事，就应不顾得失、无怨无悔地把它做到底。于是，今天我们又编写了《北京当代名厨（第五部）》，入选条件与前四部相同。这五部书总共收录了新中国成立以来，为首都餐饮业发展做出杰出贡献的1690多位名厨的事迹。

　　在此基础上，我们这个团队从2004年开始，每年12月18日都要举办"名厨百叟宴"，大家共同为业界前辈祝寿，畅叙友情，让厨界同仁年年有个聚会的场合和机会。同时，我们每年免费为入选《北京当代名厨》的师傅们，按年龄为序制作挂历，这些纯公益性的活动受到了业内的广泛好评。

　　扪心自问，我们并没有做什么了不起的大事，但力所能及地、踏踏实实地为业界做些实事，也是我们能引以为自豪的。

　　本书各篇编排顺序，按业内规矩以年龄为序。在编辑制作过程中，得到了北京利桥顺集团、红功夫（北京）餐饮有限公司、北京渔娘餐饮服务有限公司、易县偶德农产品初加工有限公司等单位的大力支持，同时还得到了李凤新、仲崇山、冯玫、冯颖、王焱、李建等同志的帮助，在此一并表示感谢。

《北京当代名厨》编委会

2022年9月